人文武术精品书系

勿使前辈之遗珍失于我手
勿使国术之精神止于我身

黄元秀

武当剑法大要

武学名家典籍丛书

黄元秀武学辑录

黄元秀·编著

崔虎刚·点校

北京科学技术出版社

黄元秀（1884—1964），浙江杭州人。辛亥革命元老，早年与黄兴、秋瑾、徐锡麟、蔡元培、章太炎等交游，集护国护法军人、北伐将领、抗日志士、书法家、佛学精修者、武学家等身份于一身。他的武学著作渊源得于李景林、杨澄甫等大师，反映出以为国为民、强国强族、复兴中华为目的的治学思想，融会大量真手明家的珍贵史料和交流心得，对武学贡献卓著。

武當劍法大要

图书在版编目（CIP）数据

黄元秀武学辑录. 武当剑法大要 / 黄元秀编著 ; 崔虎刚点校. —北京 : 北京科学技术出版社, 2021.10
（武学名家典籍丛书）
ISBN 978-7-5714-0490-1

Ⅰ. ①黄… Ⅱ. ①黄… ②崔… Ⅲ. ①剑术(武术) - 基本知识 - 中国 Ⅳ. ①G852

中国版本图书馆CIP数据核字(2019)第206778号

策划编辑：王跃平
责任编辑：苑博洋
责任校对：贾　荣
责任印制：张　良
版式设计：王跃平
出 版 人：曾庆宇
出版发行：北京科学技术出版社
社　　址：北京西直门南大街16号
邮政编码：100035
电　　话：0086-10-66135495（总编室）0086-10-66113227（发行部）
网　　址：www.bkydw.cn
印　　刷：保定市中画美凯印刷有限公司
开　　本：787 mm × 1092 mm　1/16
字　　数：106千字
印　　张：10.75
插　　页：4
版　　次：2021年10月第1版
印　　次：2021年10月第1次印刷
ISBN 978-7-5714-0490-1

定　　价：75.00元

出版人语

武术作为中华民族文化的重要载体，集合了传统文化中哲学、天文、地理、兵法、中医、心理等学科精髓，它对人与自然和谐共生关系的独到阐释，它的技击方法和养生理念，在博大精深的中华文化中独具特色。

随着学术界对中华武学的日益重视，北京科学技术出版社应国内外研究者对武学典籍的迫切需求，于2015年决策组建了“人文·武术图书事业部”，该部成立伊始的主要任务之一，就是编纂出版“武学名家典籍丛书”。

入选本套丛书的作者，基本界定为民国以降的武术技击家、武术理论家及武术活动家，之所以会有这个界定，是因为此时期的武术，在中国武术的发展史上占据着重要的位置。在这个时期，中西文化日渐交流与融合，传统武术从形式到内容，从理论到实践，都发生了巨大的变化，这种变化，深刻干预了近现代中国武术的走向。

这一时期，在各自领域“独成一家”的许多武术人，之所以被称为“名人”，是因为他们的武学思想及实践，对当时及现世武术的影响深远，甚至成为近一百年来武学研究者辨识方向的坐标。这些人的“名”，名在有武术的真才实学，名在对后世武术传承永不磨灭的贡献。他们的各种武学著作堪称“名著”，是中华传统武学文化极其珍贵的经典史料，具有很高的文物价值、史料价值和学术价值。

民国时期的太极拳著作，在整个太极拳发展史上占有举足轻重的地位。当时的太极拳著作，正处在从传统的手抄本形式向现代出版形式完成过渡的时期；同时也是传统太极拳向现代太极拳过渡的关键时期。这一历史时期的太极拳著作，不仅忠实地记载了太极拳的衍变和最终定型，还构建了较为完备的太极拳技术和理论体系。“武学名家典籍丛书”收录了著名杨式太极拳家杨澄甫先生的《太极拳使用法》《太极拳体用全书》，一代武学大家孙禄堂先生的《形意拳学》《八卦拳学》《太极拳学》《八卦剑学》《拳意述真》，武学教育家陈微明先生的《太极拳术》《太极剑》《太极答问》，武术活动家许禹生先生的《太极拳势图解》《陈式太极拳第五路·少林十二式》，董英杰先生的《太极拳释义》，杜元化先生的《太极拳正宗》，以及陈鑫先生的《陈氏太极拳图说》。

此次出版的《黄元秀武学辑录（全三册）》首次汇集了武术家黄元秀先生一生主要的武学著作：李景林先生亲授的第一部武当剑专著《武当剑法大要》；包含杨澄甫等太极大家高深功夫及拳

谱，以及黄元秀先生数十年拳学体悟的《太极要义》和《杨家太极拳各艺要义》（《太极要义》与《杨家太极拳各艺要义》的内容有重合之处，故将《杨家太极拳各艺要义》原文影印附录于《太极要义》之后，以便研究者考证）；记录了杨澄甫先生所授拳剑刀枪各图及黄元秀平生武学阅历经验所得的《武术丛谈续编》。

黄元秀一生修武修佛，造诣极高。他的武学著作反映出以为国为民、强国强族、复兴中华为目的的治学思想。其著作中含有大量的珍贵史料和心得体会，对武学贡献卓著。但其著作流传却十分有限，迄今为止，国内外尚没有出版过黄元秀武学著作合集，更没有整理简体合集出版。因此，对黄元秀武学著作的首次合集出版，将会对传统武学及其相关文化的研究与继承、历史迷雾的澄清、传统武学的发扬光大都有所帮助。无论初学者还是资深武学家，都会从这样一位独特人物的武学结晶中汲取到自己所需。这也是我们整理分享黄元秀前辈著作的初衷。

以上提及的武术家及他们的著作，在当时就已具有广泛的影响力，时隔近百年之后，它们对于现阶段的拳学研究依然具有指导作用，并被太极拳研究者、爱好者奉为宗师、奉为经典。对其进行多方位、多层面的系统研究，是我们今天深入认识传统武学价值，更好地继承、发展、弘扬民族文化的一项重要内容。

本丛书由国内外著名专家或原书作者的后人以规范的体例进行了简体化、点校和导读，尊重大师原作，力求经得起广大读者的推敲和时间的考验，再现经典。

为了减少读者的阅读困难，我们对简体部分进行了如下处理：原书中明显的讹误及衍倒之处，我们采用径改的方式，不再出注，尽量使读者阅读顺畅；原书中有少量缺字或原字不清情况，可根据前后文补上的，我们即直接补上，不再出注，不能补充的以▨表示。

“武学名家典籍丛书”将是一个展现名家、研究名家的平台，我们希望，随着本丛书的陆续出版，中国近现代武术的整体面貌，会逐渐展现在每一位读者的面前；我们更希望，每一位读者，把您心仪的武术家推荐给我们，把您知道的武学典籍介绍给我们，把您研读诠释这些武术家及其武学典籍的心得体会告诉我们。我们相信，“武学名家典籍丛书”这个平台，在广大武学爱好者、研究者和我们这些出版人的共同努力下，会越办越好

导读

中国武学历史悠久，到清末民初达到发展的高潮。如何搜集、发掘先贤前辈们对于武术研究的成果，汲取并传承其精髓，是今后武学研究面临的一大课题。在众多武学前辈中，浙江黄元秀先生的杰出贡献往往被人们忽略，其著作值得我们深入研究。

黄元秀（1884—1964），浙江杭州人。原名凤之，字文叔，中年以后改名元秀。其乃辛亥革命元老，早年曾在浙江省立武备学堂学军事，后渡东瀛，入日本士官学校深造。在日时化名山樵，与黄兴、秋瑾、徐锡麟、蔡元培、章太炎等结交，共同参与同盟会活动，回国后为光复浙江做出过极大贡献。其后参加过讨袁、护法等事，北伐时曾任总司令部少将参议等职。

1929 年秋，浙江省政府主席兼浙江省国术馆馆长张静江，邀请中央国术馆副馆长李景林将军等一干武林高手，来杭州主持全国武术表演比赛。黄元秀先生是“国术游艺大会”筹委会的成员之一，并担任了大会秘书和监察委员。

黄元秀先生

同年 11 月 11 日，黄元秀先生在其放庐居所拜师宴宾，于园中“瑞云石”前，为后世留下了民国时期武林领袖们的珍贵合影。

视其一生，黄元秀先生经历独特，集辛亥革命者、护国护法军人、北伐将领、抗日志士、书法家、佛学精修者、武学家为一身，学养高超，学力过人，勤于著述。学人评价其为好人、善人、高人和奇人。

黄元秀先生一生修武修佛，造诣极高。其整理写作的武学著作，反映出以为国为民、强国强族、复兴中华为目的的治学思想。其著作中含有大量珍贵史料和心得体会，对中国近代武学贡献卓著。譬如，他完成了武当剑大师李景林的愿望，整理出版李景林所传武当剑法；整理杨家太极拳嫡传与精华；记录了自己对武林各家的看法与心得，等等。然而，其著作流传却十分有限，如唐豪先生在民国时期出版《王宗岳太极拳经》引用参考文献时，所注的黄元秀著作只是非卖品的油印本。

为使武术研究者、爱好者得以全面认识黄元秀的武学贡献，本次出版的《黄元秀武学辑录》首次汇集了其一生主要的武学著作，包括：《武当剑法大要》（商务印书馆印刷，1931 年 7 月出版）；《太极要义（附武术偶谈）》（文信书局印行，1944 年 11 月出版）；《杨家太极拳各艺要义（附武术偶谈）》（国术统一月刊社发行，1936 年出版）；《武术丛谈续编》（1956 年油印稿）。

其中，《武当剑法大要》是李景林先生亲授的第一部武当剑专著，“元秀亲受其业，退而述成此编，呈政。师阅后曰：‘汝能记其根略，以惠同门，实吾近年所欲成而未竟之志。汝即付梓可也。’今则诲语如闻，哲人已萎。缅怀风范，不禁高山景行之思。”

直到20世纪90年代，笔者与李天骥先生再传弟子高晓光先生交流时，高晓光提到李天骥先生武当剑的自豪之情，仍历历在目。李天骥先生乃李景林传人，此外据黄元秀记载，著名武术家赵道新先生，也是李景林先生的弟子。

黄元秀在《武当剑法大要》中提到，他最初一直在寻找中国剑术，多年不遇，很是遗憾，但不信已经完全失传。后来，见识到李景林将军之剑术而投其门下，并将所学著述记载，以使其广传。武当剑技奥秘何在，为何能名震民国时期的武林，黄先生在其著作中有详解。这一著作也奠定了黄元秀在武学界的历史与学术地位。

除武当剑外，黄元秀先生的杨家太极拳也是嫡传。1937年，日本全面侵华战争爆发之前，黄元秀刊登于《国术统一月刊》的《杨家太极拳各艺要义（附武术偶谈）》，保留了其所学所知的原始杨家太极拳技艺与文献，比较全面地解释了杨家太极拳的内容与奥妙。此书开篇就是一版与众不同的《太极拳论》。这一版本究竟是什么来历，为何与其他版本不同，值得学界重视与研究。其中的太极拳拳式名目内容，与李瑞东传人于民国八年抄本中记载的传杨家谱也有不同之处。其《太极拳论》中记载的《太极拳长拳歌》，可能是民国时期与太极拳相关的著作仅见。这一内容，后来在1953年7月1日，才出现于何孔嘉先生的序言文字中，将杨健侯赠田兆麟拳谱（油印本《太极拳手册》）重提。直到近年，孟宪民先生于2015年出版《牛春明太极拳及珍藏手抄老谱》一书，将其外祖父牛春明抄于杨健侯拳谱手抄本的影印件公布于世，以《太极妙处歌》之名才又出现。

黄元秀先生武学著作的着眼点独到。他认为即便是同一门弟子之间的拳法，各传人之间也是“各有特长，各尽其妙，不能从同，亦不能强同，其中并无轩轾可分，在学者更不得是此而非彼。要知此种艺术，能立千年而不废，博得一般人士之信仰，其中确有不可磨灭之精义，令人莫测之妙用存焉。”“无论系何师，一家所传，一人所传，其动作多少，皆不能同，亦不必尽同。不仅太极拳如此，即弹腿一门有练十路者，有练十二路者。此为回教门之艺，尚且有两种之分。又若少林门各拳，有岳家手法，有宋太祖拳，此传彼授，各是其是，各非其非，惟情论总须一致，设或理论不同，则其宗派显然有别，不得谓为同门矣。”为后人纷争谁是正宗、如何辨别不同门派指点了迷津。高人高思，可见一斑。

由于黄元秀显要的社会地位，加上诸多便利因素，他可以向杨澄甫先生询问许多问题，涉及其他弟子与师父之间不便询问的事情。以其资深的武学修养、文学修养、修佛境界及军队高阶等身份，记录了杨澄甫等杨家太极高手的高深功夫，令人信服。如“杨老师顺势一扑，其手指并未沾着余之衣襟，而余胸中隐隐作痛”。为何弟子们各有特色，为何练太极者众多而成才者寥寥无几？他给出了自己的调查结果。此外诸如什么人适合什么拳，练太极重点何在，学拳慢与快的道理所在，太极与少林姿势的对应关系，以及太极拳练法、连劲、推手、散手、对打、技击，八打八不打，等等，都做了专项讲解。他还对一些门派（如零令门）加以介绍，对旧时拜师学艺仪式的流程、讲究，武林场上的各式规矩、礼范，一些门派的学艺特色，都给以详细描述，同时将历代剑侠名人悉数记载在册。黄元秀先生还在专著中述诸文字，大声呼吁：应当把概念笼统的国术称谓改为具体的武术称谓，唯此才能够准确厘清武术的专责与其他门类的分野……凡此种种，都使后人能够看到那个时代武术业清晰的样貌。

黄元秀在其武学专著中，还保存了许多武术史上的重要信息。记载了杨家传人对武家太极来历之不解；记载了杨露禅所学来自陈家沟的陈长兴，为太极拳史研究再次提供了来自杨家说法的旁证；记载了杨镜湖（杨健侯）的珍贵心得对张三丰（峰）与太极拳之关系，做了概述与探讨。

黄元秀还用生动的文笔，记载了河北一个别开生面的郝家太极拳派。其文如是说道：“太极拳，近年来风行南北，可谓国术界中最普遍之拳术，遍观各处，各人所练，各不相同，可大别为三派：一为河北郝家派。此派不知始于何祖，闻系河北郝三爷（郝山野）所传，述者忘其名，世以郝三爷称之。三爷于清末走镖秦晋间，身兼绝技，善画戟，名震绿林，镖局争聘之，实为山陕道上之雄。余见天津蒋馨山、刘子善等，皆练此拳，南方习者不多，吾师李芳宸先生南来时，其家人及同来各员，皆善此。手法极复杂，其动作较杨陈二派增添一倍，约有二百余式，表演一周，时间冗长。据吾师云：此于拳式之外，加入推手各法，故较他派手法齐备，因太繁细，颇不易记，诸君既习杨家派，其理一贯，勿须更习。余怂恿朋侪学习之，计费六十余日，不能卒业，可见其繁细矣。孙禄堂先生云：‘此拳之长，极近柔顺之至。’尔时余忘索其拳谱，不知与陈杨两派之理论，有无异同也。”黄元秀的这一记载，学界并没有认识到，它为破解太极拳众多重大历史谜团，留下了一把钥匙。《武当武技与开合太极拳》作者李仁平，于2013年《武魂》发表文章介绍：……19世纪晚期，清代武术家刘德宽得世隐高人的开合太极拳，传弟子吴俊山。1910年刘德宽病故，弟子吴俊山投至李景林麾下，并与蒋馨山（1890—1982，祖籍河北省枣强县人。程派八卦掌传人。毕业于北京法政学堂后，跟随表兄李景林从戎，时任李景林奉军第一师军法处处长，直隶省军务督办署军法处处长。）关系密切。为报答李景林、蒋馨山的知遇之恩，吴俊山奉献开合太极拳，言此拳系王宗岳所传，请李、蒋二人甄别。李、蒋二人慧眼识得此拳的价值，甚是欢喜地接纳了此拳（后蒋馨山传弟子吕学铭、李允中、儿蒋炳熙等；吕学铭传弟子李仁平等；李仁平传众弟子……），由此可知有一个“述者忘其名”的神秘人物——河北郝三爷，而蒋馨山等所练之开合太极拳与河北郝三爷同脉。蒋馨山生前常说：“该拳无一处不合‘拳论’，是王宗岳真传无疑。”

文中说这位郝三爷“于清末走镖秦晋间，身兼绝技，善画戟，名震绿林，镖局争聘之，实为山陕道上之雄。郝三爷走镖往来于秦晋之间，一代太极拳宗师王宗岳也是山西人，有地缘上的契合以及人与人之间往来联系的可能性，由此是否可以推断郝三爷的太极拳来源于山西王宗岳一脉？开合太极拳公之于世已六代人（180 多年）。清中晚期，镖师郝三爷得武当高人传授开合太极拳，为近代第一代传承人。晚清著名武术家刘德宽（1826—1911）在山西护镖时，得郝山野传授，为第二代传承人。刘德宽传第三代吴俊山；吴俊山代师传蒋馨山、李景林、程海亭……由此推断刘德宽得自郝三爷。”

综合新发现的山西版《三三拳谱》、山西版《三三枪谱》及唐豪先生厂本《阴符枪谱》《太极拳经》合抄本等可知，王宗岳是乾隆时人、原来《阴符枪谱》分别在北平、河北、山西三地流传。乾隆年间民间流传的《山右王宗岳太极拳论》，不止被武禹襄经过其兄而得到，也被河北广平陈华（利）先生等人得到。顾氏六合通背拳传人广平陈利先生这一支，掌握的拳谱与杨家不同，如杨家并无《阴符枪谱》。另从河北顾氏传人藏谱，以及各传人的著作等看，其门内并不尊王宗岳为乾隆传祖，可知其不是王宗岳嫡传之系。陈利弟子卢氏的传谱名为《六合通背》，而非《太极拳谱》。

陈利先生得到《阴符枪谱》《山右王宗岳太极拳论》之后，最初用于补充完善自己的六合通背拳，并非太极拳。可知陈利先生之前的顾氏拳法为六合通背拳，其传人卢鸣金先生的《枪谱》也不是阴符枪。此枪法被三皇炮拳传人冠之以“赵云勇战枪”“子路枪”，河南南阳地区以“黄龙枪”称之。这些信息的共享，是又一个值得研究的大课题。

因此，陈利六合通背拳传系后与杨家交流学习，结合自己所学，将其扩充为太极长拳，拳谱文字也二者合一。此拳传人有郝三爷、刘德宽先生、陈利传人等。后人搞不清楚来源，河北广平等地传人将太极拳上推到顾氏；又见自己传谱中有张三丰的信息，便按自己的理解，认为是张三丰所传。

河北顾氏传人陈利传谱中《王宗岳太极拳论》的信息

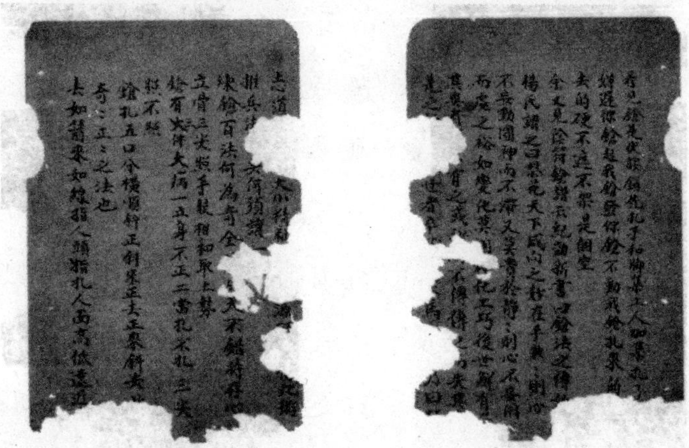

河北顾氏传人陈利传谱中《阴符枪谱》的信息

此外，吴孟侠先生民国三十三年《明武山庄武学手册之一》显示，所谓牛连元传谱并不存在，原来是王树刚传谱，也是陈利这一支的传谱。

至此，笔者得出初步结论：河北郝三爷各太极拳传系与姜容樵、姚馥春太极拳传谱相合；吴孟侠传谱与姜容樵、姚馥春太极拳传谱相合；姜容樵、姚馥春太极拳传谱与河北广平陈氏陈利传系相合；山西《三三拳谱》、山西《三三枪谱》与唐豪厂本、河北顾氏传人陈利传谱相合；乾隆时王宗岳《阴符枪谱》与《太极拳论》相合；武氏《王宗岳太极拳论》与山西、河北、北平《王宗岳太极拳论》相合。

上述发现，以及“此系武当山张三丰先师遗论”真相揭示等成果，将改写太极拳的历史，并提出新的大课题。更多相关课题及其深入探讨有待学界展开。这是黄元秀先生此书的历史价值及贡献所在。

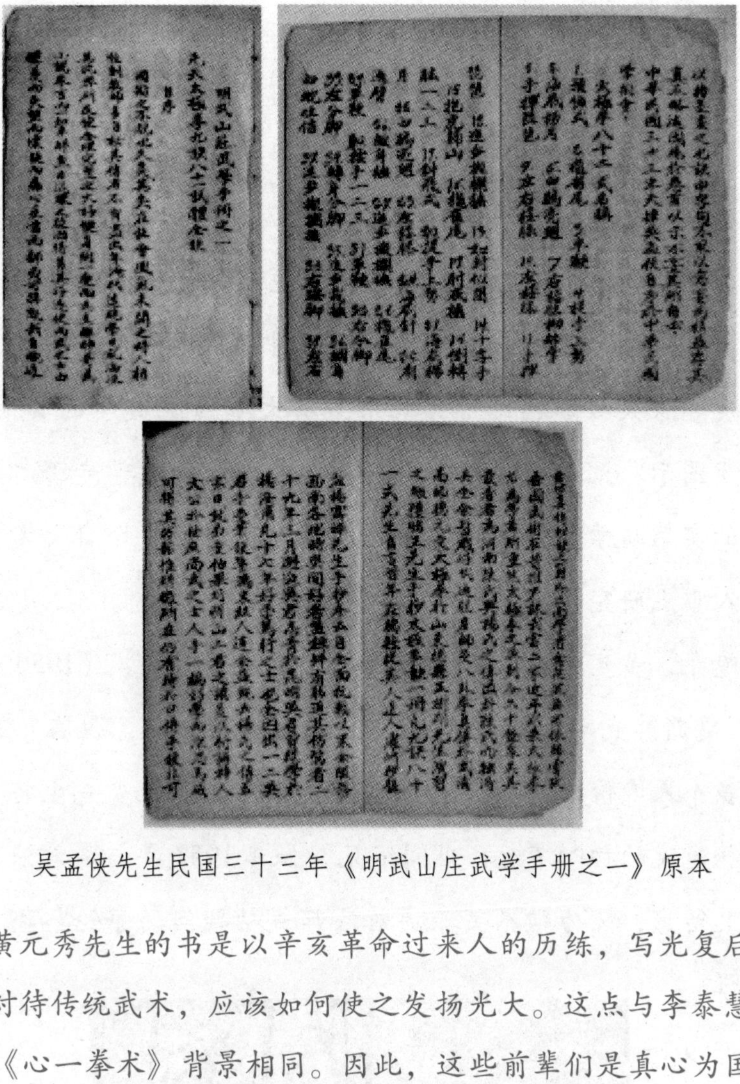

吴孟侠先生民国三十三年《明武山庄武学手册之一》原本

黄元秀先生的书是以辛亥革命过来人的历练，写光复后国人如何对待传统武术，应该如何使之发扬光大。这点与李泰慧先生著作《心一拳术》背景相同。因此，这些前辈们是真心为国家及其后代受益而著述，其心胸视野自是不同。

《太极要义》一书，是国术统一月刊社发行《杨家太极拳各艺要义》之后，第一部太极拳方面的独立出版物。表面上看，两者内容上有大量相同，但《太极要义》更加丰富的内容，正是黄元秀先生致力于武学事业、不断完善作品的反映，这也是其用心所在。鉴于刊物发行量有限，黄元秀先生经过不断努力，终于有了《太极要义》单行本。该书整理于抗日战争时期，意义特别，因物质匮乏而使用土纸出版，由文信书局印行。此书没有了《杨家太极拳各艺要义》中的刊物附带，以及其他学人的武学相关文字及历史遗迹遗物等内容，篇幅内容也有增删与不同，并有许多历史名人之序，反映出当时政要人物对武术国粹及其黄先生的重视程度。除太极拳内容外，此书另有大量传统武学的其他内容，增补了图示。无论从哪方面讲，黄元秀先生的武学专著都具有多方面的实用与学术价值，其中作序的相关人物，今日大都已成需要后人重点研究的历史人物。

晚年，黄元秀先生又总结出《武术丛谈续编》（1956 年油印稿），更新其武学心得与成果，但限于历史条件，仅在小范围公开。虽个人身份以及社会地位不断变化，但黄元秀先生将中华武学发扬光大的初心不改，世间罕见。如其 1957 年与海灯法师的交往及其留影，又为学界关于海灯法师武功疑问的争论，提供了一个佐证。

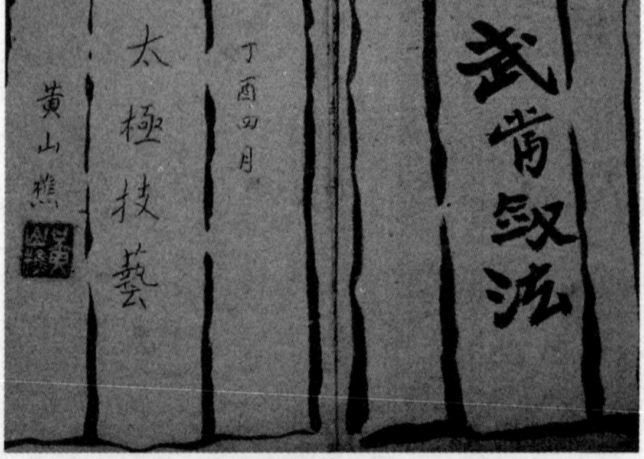

1957 丁酉年，黄山樵（黄元秀）撰《太极技艺》《武当剑法》

1960 庚子年，黄山樵撰《武当妙技》

1960 庚子年仲冬，海灯法师与黄元秀（时年七十又八）涌金公园对剑

唐豪先生、徐哲东先生等学人都曾以黄元秀先生著作为论据，考证相关课题；移居危地马拉的李英昂先生曾在《太极拳十三枪

注》中赞誉，黄元秀先生是以科学方法整理太极拳；陈炎林编写的《太极拳刀剑杆散手合编》一书，论劲、散手、太极拳表等，皆从黄先生著作而来。

遗憾的是，黄元秀先生的武术专著，除个别出版于民国时期，以前一直未能公开出版发行。大陆地区只在20世纪80年代翻印过《武当剑法大要》一书。其余都没有机会再版或翻印。部分单册《武当剑法大要》《杨家太极拳各艺要义》台湾虽有翻印，但因繁体字影响现代人的阅读兴致，其价值很难发挥，阻碍了广大读者对黄元秀先生武学著作的了解和传播，可谓遗珠弃璧。迄今为止，国内外尚没有出版过黄元秀先生武学著作合集，更没有简体版整理合集出版，这也是学界一大不足。

对黄元秀先生武学著作的首次合集出版，将会对传统武学及其相关文化的研究与继承、历史迷雾的澄清、传统武学的发扬与光大都有所帮助。无论初学者还是资深武学家，都会从这样一位独特人物的武学结晶中汲取到自己所需。这也是我们整理分享黄元秀前辈著作的初衷。

崔虎刚

于加拿大首都渥太华

武當劍法大要

黃元秀編

商務印書館發行

武當劍法大要

中華民國二十年七月初版
每册定價大洋肆角
外埠酌加運費匯費

編纂者 黄元秀
發行人 王雲五 上海寶山路五〇一號
印刷所 上海寶山路 商務印書館
發行所 上海及各埠 商務印書館

THE PRINCIPAL METHOD OF HOW TO EXERCISE WU-TANG SWORD
BY HUANG YÜAN SHIOW

PUBLISHED BY Y. W. WONG
1st ed., July, 1931
Price: $0.40, postage extra
THE COMMERCIAL PRESS, LTD., SHANGHAI

練劍之要身如游龍切忌停滯習之日久身與劍合劍與神合於無劍處處處皆劍能知此義斯近道

山夫

古廣川李景林題

劍氣如虹劍行似龍
劍神合一玄妙無窮
廣平楊澄甫題

劍術一道源流最遠惜日久失其真之收廣川
李公芳宸之拳之獨得神明變化運實於虛參兩
間之消息探五氣之流行劍術至此嘆觀止矣
黃君文叔於學劍之餘分所記之作日記引滿
字於紙者以備忘也

江蘇東海吳心谷拜題

劍與身合爲一所謂神而明之存乎其人者

孫福全題詞

劍術為中國最古之技術歷來為重文輕武之見所湮沒乃者國術日漸昌明談劍之書隨之而多述法者多述理者少也桂亭自幼好武對於劍術諮遍南北未有如李公之玄妙者也曩與黃君文叔同受教於李公朝夕相共頗多心得今將付梓因誌數語以附偏後

褚桂亭識

擊無方

神變化

庚申杜心五題

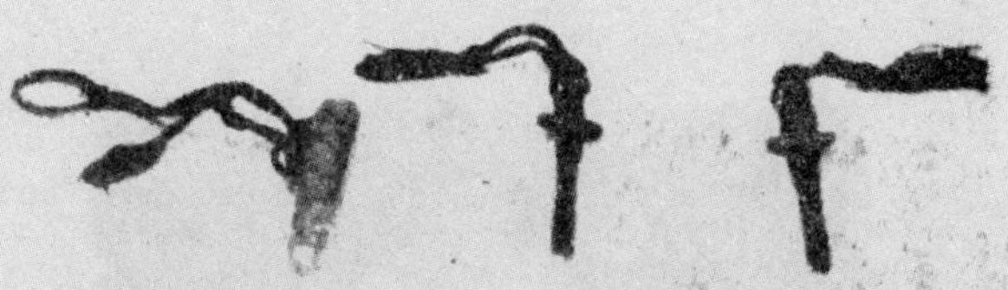

李芳宸先生之神劍

李芳宸先生神劍之說明

上圖神劍係奋鋼之篗劍　柄長一英寸　刃長約二寸　柄似銅製　刃似鋼製，精光全鋼製晶瑩奪目　清雍正時劍俠所用原秘藏於宮內，共有十三具，迨民國肇興，清社既屋　故宮寶物，漸次失散　此劍展轉入於李師手李師曰，前人練習此劍，能吞之入腹，縱入飛空，李師亦欲練之惜未從陳世鈞先生竟其學　然觀其質堅鋒利，精光寒爍，洵神品也

李芳宸先生之像

編者黃元秀之像

黃元秀與褚桂亭對劍圖

景中人自右而左前列田紹先鄭佐平杜心五李芳宸劉百川孫祿堂楊澄甫後列沈爾喬黃文叔褚桂亭高振東錢西樵蘇景由河北李芳宸將軍劍術武技得有眞傳海宇宗仰比爲主持國術比試棨戟遙臨湖山生色振東爾喬西樵公宴之於湧金門外放艫共攝一景藉留紀念時民國十八年秋 黃文叔記

敍

邃古文人。率嫻武事。三尺龍泉與琴書並稱、度當時劍術必甚溥遍。秦漢而還右文成習。武事銷沉。逢掖之士。力不能縛雞。遑論使用武器。故劍術之傳。僅深山窮谷間。高人逸士相與授受而已。因此高尚而溥及之武技。寖假湮沒無聞。至可慨也。愚幼讀詩書。壯歲好武。曩在軍校肄業時。擊劍之技。列爲專科。教授無人。借材異域。日人松島良吉。愚嘗受教擊刺劈斫。頗矜其能。厥後漫遊東瀛。邂逅彼邦劍術能者小倉延猛。暇時請益。覺其技術精妙。迥異凡流。從之習。未竟其業而返國。斯時明知若輩竊我緒餘。轉而驕我。顧我自無人傳習。致興才難之嘆。與人何尤。雖然。莽莽神州。遽謂劍術專家竟爾絕跡。終未能信。以故在萬十餘年。心恆耿耿。亦嘗旁搜博訪。冀一遇其人。一覘吾國固有之劍術。特是專家難得。愜意者寡。論劍之書。更無從覓取。失望極矣。丙丁之交。朝野上下競言國術。聘河北李芳宸將軍南來主持中央國術館。於是京滬人士。始得目覩李將軍之劍術驚人。競相傳述。戊辰秋浙中籌備全國國術遊藝大會。將軍任評判委員長。愚專誠晉謁。備聆中國劍術之源流沿革。親見將軍之身手劍法。是誠十餘年來欲求一見而不得者。大喜過望。不揣謭陋。從習多日。覺其淵深精妙。不可言喻。用將口授要訣。筆之於書。聊備遺忘。同學諸子。以其便於初習。慫恿付梓。以廣流傳。爰敍其緣起於篇首。邦人君子。幸辱教之。十九年夏月黃文叔序。

目錄

武當劍法大要

一 劍法述要

劍術之道。全憑乎神。神足而道成。練精化氣。練氣化神。練神成道。劍神合一。是近道矣。

武當劍法。外兼各家拳術之長。內練陰陽中和之氣。習此道者。當以無漏爲先。保精養氣。聚神抱一。同時學習內家拳爲之基礎。基礎旣立。然後練習劍法。方得事半功倍。蓋使劍亦如使拳。不外意氣爲君。而眼法手法步法身法腰法爲臣。是故令其閃展騰挪之輕靈便捷。則有如八卦拳。其虛領頂勁。含胸拔背。鬆腰活腕。氣沉丹田。力由脊發。則有如太極拳。而其出劍之精神。勇往直前。如矢赴的。敵劍未動。我劍已到。則又如形意拳也。

二　練劍之五戒

古來於技術一道。輕視學理。偏重實驗。凡百技術。莫不皆然。而於劍術尤甚。但劍術未練之先。須嚴守五戒。不然若犯其一戒。非徒無益而有害也。

第一戒色慾　色者。女色與手淫。學劍者。最爲禁忌。練習之時。首重精神。有精而後有氣。有氣而後有力。有力而後有神。慾者貨利之慾。學者亦宜克制。首編所云。練精化氣。練氣化神。練神成道。又曰保精養氣。寧神抱一。此爲劍術界宗教界奉爲千古不易之論。亦人生養生之要道也。

第二戒殘暴　歷來名將豪俠。練習武術。首重德行。大則爲國干城。爲民造福。小則捍衞鄉黨。除暴安良。所爲澤及當時。名留後世。非用於叛逆草竊。好勇鬬狠等事也。

第三戒躐等　凡習武術。無論何門何派。皆由淺而深。由簡而繁。劍術亦然先練眼法身法手法步法（此爲外四要）。次練膽力內勁速力沉着（此爲內四要）。按級習練。先求開展。後求緊湊。循序漸進。方臻妙用。

第四戒過分　劍術之妙用無窮。而一身之精力有限。故一日之練習。以一日之飲食休養爲衡。飲食以補其精。休養以復其神。精神飽滿。則功夫亦隨而長進。故大飢大飽之時。不宜練習。練習疲勞之時。則宜散步換氣。靜坐調息。如是調節。庶不致進銳退速也。

第五戒無恆　學劍者。當發義俠心。堅毅心。勇敢心。孔子曰。人而無恆。不可以作巫醫。況學劍乎。勿謂身弱而自餒。勿謂質鈍而中止。勿因事繁而中輟。勿爲環境而中斷。天下事。有志者事竟成。聖人之言。勿我欺也。願學者三復斯言。

三　劍法十三勢

武當劍法。大別為十三勢。以十三字名之。即抽帶提格。擊刺點崩。攪壓劈洗。亦似太極拳之掤攦擠按采挒肘靠。前進後退。左顧右盼。中定也。此外另有舞劍。未有定式。非到劍術精妙不能學習。非口授面傳。不能領會。

四　十三勢詳解圖說

抽。有上抽下抽二法　其式均為太陰劍。手背向上。手心向下。劍尖向前方敵腕之下處上。往右抽之。順勢而斷其腕也。此時之左手為陰手。戟指向前作半圓形。身體偏右。故右足實而左足虛。即第一套上節。下手之下抽是也。如第一圖之下手抽腕刺式（若作第一套。下節之上手上抽時左手扶助右手向右而行。如第二圖之上手抽腕式又第二套刺腕抽腰式。如

第一圖

下手（抽）　上手

第二圖

上手（抽）　下手

第三圖

上手　　下手（抽）

第四圖

上手　　下手（搶）

帶。有直帶平帶二法　直帶。爲中陰手。手心正中。劍向前方敵腕之下。身向後仰。順勢向後帶其腕而傷之。此法破敵上來（灌耳擊頂）等劍。右足在前變虛。左足在後變實。左手扶助右手劍柄而行之。如第一套第五圖之上手帶腕式。又第四套下手直帶式。左手戟指向後。左足實。右足虛。如第六圖。

平帶。卽陽劍圈。爲太陽劍手心向上。手背向下。劍尖向前方敵腕之下或上。向左平帶。趁勢傷其腕。）如第四套下節之上下手進退抽帶式。左手扶助右手。先抽而後帶。左足實。右足虛。如第七八兩圖。

又第四套上節之對陽劍圈。亦爲平帶法。左手扶助右手劍柄。先刺而後帶。此時右足在前是實。左足在後是虛。如第九十兩圖。

又第一套帶劍刺喉式。左手扶助右手。先帶劍而後刺喉。刺時右足在前是實。帶時右足在前變虛。如第十一十二兩圖。

第五圖

上手（帶）　下手

第六圖

上手　下手（帶）

第七圖

上手　　下手（帶）

第八圖

上手　　下手（抽帶）

第九圖

下手　　上手（陽劍剛平帶）

第十圖

下手　　上手（陽劍剛平帶）

第十一圖

下手　上手（帶喉刺）

第十二圖

提有向前提後提二法　其式均爲老陰劍。而身法有向前向後之分。身法向前者。爲前提式。手腕向上。劍尖向敵腕下扎。如提物向上之勢。有時前足是實。如第一套上節。第十三圖之上下手對提式。此法有時前足是虛。如第二套上節。第十四圖。上下手對提式此時左手戟指作半圓形五套中用之最多。學者須手心空。手腕活。方盡其妙。○如身法向後時。爲後提式。右足往後是實。左足在前是虛。左手扶助右手。向後而行。如第十五圖之上下手對提式（第二套終了之式。）

格有下格與翻格二法　下格。以中陰劍。斜勢由下向上格敵之腕。身體偏向右方故右足實而左足虛。左手戟指作半圓形。即第三套下節。上格腕式。如第十六圖○翻格以避敵近身之劍。而翻格其腕此法奇險非身法虛靈。手法圓活者。不可用也。即第一套翻格帶腰之翻格式上手行格腕時。如十七圖。前右足虛後左足實。下手行帶腰時。如第十八圖前右足實。後左足虛。左手戟指作半圓形。又第三套之格腕帶腰時。如第十九圖。

第十三圖

下手 （提） 上手

第十四圖

下手 （提） 上手

第十九圖

上手　（提）　下手

第十六圖

下手　（格）　上手

第十七圖

上手（格）　　下手

第十八圖

上手（格）　　下手

撩。撩有正擊反擊二法　正擊爲少陽劍。手腕向上。以劍平行。直前擊敵之腕。如擊磬之勢。右足向前是虛。左足在後是實。左手戟指向後撐。即第二套上節之上擊腕式。如第二十圖。又第二套下手之擊頂式。如第二十一圖。〇反擊。有擊耳擊腕之分。擊耳即俗稱爲灌耳。以劍之刃反擊敵之耳際是也。右足往前是實。左足在後是虛。即第一套中之壓劍擊耳式。如第二十二圖，擊腕。即第三套之扣腕擊如第二十三圖。又第二套上手反擊腕如第二十四圖。

刺。刺有側刺平刺二法　側刺。即以中陰劍。上步向前直刺。右足在前是實。左足在後是虛。左手戟指，作半圓形。即第一套之下手抽腕刺式。如第二十五圖。又第五套上節下手刺胸。（金雞獨立式）如第二十六圖。又第五套下節下手翻腕刺。如第二十七圖。

平刺與側刺同。惟劍面作平扁向前行耳。即第一套開始之對平刺式。如第二十八圖。

點。中陰劍。身臂皆不動。以腕掌之力。使劍尖往下直點敵腕。右足在前是虛。左足在後是實。左手戟指作半圓形。如第二十九圖。即第一套上節上手之點腕式。及第二套下節之上手

第十九圖

上手（詰）　　下手

第二十圖

下手　　上手（擊）

第二十一圖

下手（擊）　　上手

第二十二圖

下手　　上手（擊）

第二十三圖

上手　　　　下手(擊)

第二十四圖

上手(擊)　　　　下手

第二十五圖

上手　　下手（劍）

第二十六圖

下手（劍）　　上手

第二十七圖

下手（刺） 上手

第二十八圖

上手 （割） 下手

點腕式。

崩。崩有正崩反崩二法　正崩。卽以中陰劍。身臂皆不動。手持劍柄。使劍尖向上直挑敵腕。右足在前是實。左足在後是虛。左手扶助右手劍柄。使劍尖上崩。卽第二套之斜步崩式。如第三十圖。反崩在套步中。由下向上。反手崩敵之腕。卽第一套上節之對反崩式。如第三十一圖。此點崩二法。全仗丹田內勁行之。

劈。其式持中陰劍。上步向前直劈。卽第三套開始之劈頭式。右足在前是實左足變

第二十九圖

下手　　上手（點）

第三十圖

下手（崩）　上手

第三十一圖

上手（反崩）　下手

虛。左手戟指作半圓形。如第三十二圖。

截。截有平截左截右截反截四種　平截。即以中陰劍上前截敵之腕。前右足實。後左足虛。第五套上節之撩劍平截式。如第三十三圖。左截者。避敵刺我之劍。身體偏右。而劍向左方截敵刺我之腕。故右足實而左足虛。即第一套中節下手之截腕式。第二套中節上手之截腕式。如第三十四圖。右截者。避敵擊我之腕身。向左方以劍回截敵之右腕。故左足實。而右足虛。即第五套之對截式。如第三十五圖。反截即第五套上節。下手反截腕。左足實。右足虛。身偏左。由上向下而截敵之右腕。如第三十六圖。無論左截右截。左手戟指作半圓形。

攪。攪有橫攪直攪二法　橫攪上下手皆爲中陰劍。作直角式而攪之。即第一套上手之橫攪式。左手戟指作半圓形。此時上下手在行走中。左右足虛實不定。如第三十七圖。直攪下手變爲陽劍時。其劍尖直攪上手之腕。左手扶助右手劍柄直進。即第四套下手之進步攪式。如第三十八圖。此時上手作退步姿勢。亦以陽劍劍尖回攪下手之腕。左手扶助右手劍柄。向後

第三十二圖

下手(劈)　　上手

第三十三圖

上手(平截)　　下手

第三十四圖

下手（戳） 上手

第三十五圖

下手（戳） 上手

第三十六圖

下手（截）　　上手

第三十七圖

上手　　下手（橫絞）

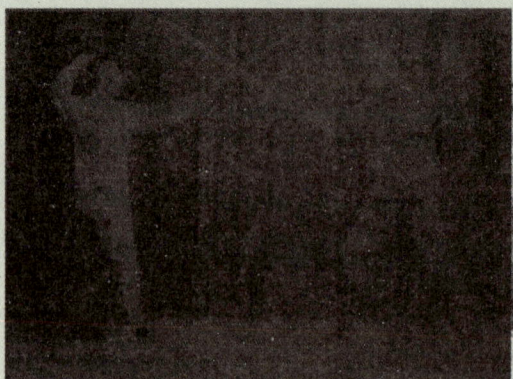

第三十八圖

上手　　下手（直續）

第三十九圖

上手　　下手（直續）

第四十圖

下手（壓）　上手

第四十一圖

下手　上手（洗）

且攪且退。如三十九圖。惟下手攪時。其劍尖之圈小。劍柄之圈大。上手攪時。劍尖圈依下手之腕而攪自己之腕避下手之劍尖而繞行。

壓。卽我之陰劍。作直角式壓敵之劍。使其停滯。而我得乘機變化攻擊之也。壓時。我之劍尖。稍向下垂。使敵劍無可逃脫。右足在前是實。左足在後是虛。左手戟指作半圓形。卽第一套之壓劍式。如第四十圖。

洗。此式爲中陽劍。持劍上步。猛進敵身。由下向上倒劈之。右足向前是實。左足在後是虛。左手戟指作半圓形。卽第四套之上手洗式。如四十一圖。

（註）劍法無砍斫等名稱。有之刀法而非劍法也。故劍法當以此十三式爲準。學者先求各式正確。然後再求純熟。純熟後熟能生巧。此與學者先求平直務追險絕之語可一例也。

五　武當劍手法陰陽圈

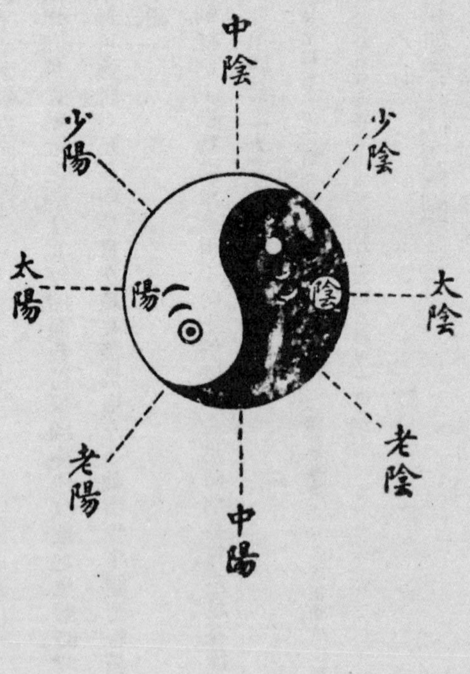

五 武當劍手法陰陽圖 六 分級練習法 七 對劍三角法

六　分級練習法

初級個人單練。二級對套子。三級活步對劍。四級二人對練散劍。

（註）散劍謂[illegible]以一人可以對二人以上之敵人。或以一劍對抗長槍大戟。神而明之存乎其人矣

七　對劍三角法

敵來之劍爲截。我應以提。成上三角也。敵來之劍爲刺。我應以崩。成下三角也。敵來之劍爲攪。我應以帶。成左三角也。敵來之劍爲劈。我應以下斜格。成右三角也。三角習熟。而後進以陰陽四兩法習熟。始可習散劍矣。

（注）武當劍法甚奇而精確實符乎科學之三角法。學者幸勿忽諸。

八　陰陽劍圈法

手背向上、爲之陰劍、陰劍圈。先帶後刺。手心向上。爲之陽劍。陽劍圈、先刺後帶。（第四套之上中節是也）手背向上而少斜。爲少陰劍。（提劍式）手心向上而少斜爲之少陽劍。（對劍式）陰陽兩劍圈。皆須單行熱練。此式之要。在身退而劍進。身避而劍刺也。陰手爲抽。陽手爲帶。（按第四套下中節帶劍後之手法）

九　武當劍各套對練法

第一套　上下　出劍式。對平刺。（陽手）對翻崩。上點腕。下抽腕刺。對提。對走。下翻格帶腰。上翻格帶腰。重二遍。下壓劍擊耳。（灌耳）上帶腕。（崩勢）對提對劈。下刺喉。上帶劍刺喉。陽劍圈。上橫攔。下擊頭。上擊腿。下截腕。上帶腕。（保門勢）下左截腕。上抽腕刺胸。下截腕。上帶腕。（保門勢）下翻格。上抽腕。各保門完。

第二套　下上步擊。上擊腕。對提。上刺膝。（滑步）下壓劍帶腰。（滑步）對翻崩。上點腕。下斜刺崩。上抽。下刺腹。上左截腕。對劈。下反擊耳。上反擊腕。下抽腿。互刺腕抽腰走。重二次。下擊頭。上帶腕回擊。對提。各保門完。

第三套　下劈頭。上格劍帶腰。下格腕帶腰。上格腕帶腰。下格腕帶腰。上格腕。下壓劍。反擊耳。（灌耳）上直帶。（崩勢）下提。上上步扣腕擊。下上步扣腕擊。對走。對反抽。下刺腹。上格腕。對繞腕。各保門完。

第四套　上洗。下陽劍圈起手。對陽劍圈。下陰劍圈起手。對陰劍圈。下進步攬。對攬。下抽。

上下進退抽帶叠三遍。下崩上抽。下上步刺互壓劍。下擊腿。上反擊耳。下直帶。對提各保門完
第五套 對伏式。上刺。(中陰手)下擊腕。上撩劍平截。對截腕。對提。對走。上正崩。(中陰手)下帶腕。(保門勢)上進步反格(中陰手)下抽身截腕。上上步截腕。下反截腕。上抽手截腕下抽手截腕上帶腿換步刺腰。下換步刺腰上平抽下刺胸。(獨立金雞式)上平帶對提各保門。各伏式。下刺胸上平擊。對提。對劈。對刺。上格腕下翻腕刺。上扣腕刺。對轉身劈劍式各保門。上下收劍式完。

以上所編套子。以十三式。應用方法變化而成。對練時。需采度往按法練習初習時。宜慢不宜快。宜緩不宜疾。式式應到家。劍劍須着實。有時須注意用法與練法不同處。此其大概也。

(註)此師兩人對練套子上下手不同。故須一人習上手。一人習下手。學者宜對練精熟。然後互易上下手。如上手熟改習下手。習下手者改習上手。庶幾一人能會兩法。師門所傳現祇六大段。約言之則爲六套。故曰套子對練法。

九 武當劍各套對練法 十 活步對劍 十一 散劍法

十　活步對劍

上下手出劍式。上下手對刺。上套步壓劍。上上步灌耳。對格腕帶腰走。上擊耳。（灌耳）下擊腕。下擊耳。（灌耳）上擊腕走。上下雙擊耳。上下對刺腕。對擊頭。對橫攪。上截腿。下擊腕。對翻劍圈。對陰劍圈。對直攪。下刺。上帶。各對刺。上左手按。下掃堂。上跳步擊頭。下回擊腕。上平帶腰。上轉身擊腕。下轉身擊腕。下擊耳。上刺腕。保正門。上下收劍式完。

十一　散劍法

練散劍。分三種方法。第一原地對擊法。活用手腕。與人擊刺。使心眼手三者合為一氣處也。第二行動對擊法。以手法步法與人對擊。第三活用身法。手法。步法。忽前忽後。擊直擊面。或上或下。奔騰飄忽。劍行如電。身行如龍是也。

(注)散劍如拳家之散手。備實用之動作也。未練散劍不可與人對劍。然套子活步對劍等等無相當功夫者。決不可先習散劍是以戒躐等也。

十二 心空歌

歌曰。手心空。使劍活。足心空。行步捷。頂心空。身眼一。

十三 練劍歌

頭腦心眼如司令。手足腰胯如部曲。內勁倉庫丹田是。精氣神膽須充足。內外功夫勤修練。身劍合一方成道。

（註）丹田譬猶倉庫。蓄內勁之所也。身劍合一者。劍恍如其人肢體之一部。凡其人之內勁能直貫注劍鋒。則其鋒不可犯也。

十四　練劍之基本

一眼神。二手法。三身法。四步法。

十五　練劍之精神

一膽力。二內勁。三迅速。四沉着。

劍法之基本外四要也。劍法之精神內四要也。內外精健。庶乎近焉。

（註）內勁云示與蠻勁拙力不同。但無悠久之功夫。無正確之教練。無持久之毅力。決無成績可言。是以練劍者長習內家拳以蓄內勁。內勁之云。其所由來者漸。非一朝一夕所能致也。

十六 用劍之要訣

用劍之要訣，全在觀變。（眼神）彼微動我先動。（手法）動則變。（身法）變則着矣。（步法）此四句皆在一箇字行之。所爲一寸匕。所謂險中險。（膽力）卽劍不離手。（迅速）手不着劍是也。（沉着）

（註）劍爲短兵器中之王。三面皆刃。故其用法與單刀迥異。時下流行之劍法大率趨入刀法。雖劍光耀目。實類

花刀。不足稱也。

十七　製劍

古來名將豪俠。所用之器械。大小輕重不一。其衝鋒陷陣。殺敵致果與否。全視乎藝術之精疏。與環境之如何耳。非大者定能勝小。重者定能勝輕。稍明武術歷史者。無不深知也。

人身委軀不同。生長各異。故所用之器械。長短輕重。全視其人之大小而異。總以運用靈活。指揮如意。爲合用。其次研究資料之精粗。與裝配之良好。武當劍之劍把。與通常劍把不同。其形狀如向上之稜角。於劍法上有特別作用。其一可以抗敵之劍。其二可以利用敵劍之力。而傷敵之身手。其妙用全在陰陽二法中。非爲美觀而裝飾也。此初習武術者。急應注意。否則於急遽之中。未能得心應手也。

武當劍。分練習劍與實用劍兩種。練習劍爲栗樹或檀木製。實用劍爲純鋼製成。

練習劍。凡人生長在六尺以下。體重在百二十斤以內者。爲之通常體格。其練習之木劍。全長爲三尺。乃

十七 製劍

第四十二圖

至三尺六寸。（英尺）劍柄長六寸。乃至八寸。其重十四兩乃至十八兩。其重點在全長之中心。過輕不能增長腕力過重反將臂腕練拙。不得虛靈圓活之妙用矣如四十二圖。

第四十三圖

實用劍。以純鋼彈力劍爲佳。通常體格者。其長短與學習劍相等。其重量較學習劍減輕心折爲適當。如過長過重。皆非所宜。重心須近手柄。否則不便使用如四十三圖及四十四圖。

第四十四圖

十八 眼法身法手法步法之實習

眼法者。使眼上下左右前後一瞬卽明。而手中之劍。同時亦到着目的之謂。簡單言之。平時須寧神靜坐。含養目光而已。凡人身眼珠之視物。明與不明。全在瞳神放大與縮小。及眼珠伸出與縮進。換言之。卽將視線之焦點。切合於目的物是也。焦點切合。則目的物淸晰。焦點不切合則所視之物不明晰矣。故學者須保養精神。使眼珠全部有力。在刹那間。有放大縮小伸張退縮之力。但練習之法。是在逐日功夫。每日於大光之下。行前後左右上下之回顧。眺瞻目的物。以字爲佳。初則其字大而近。繼則字小而遠。務使一看卽明。手中之劍，卽刺所看之物。此法於黑暗中。闇光中。斜光中。皆宜頻頻行之。每日晨間百次。晚間百次。不可減少與中輟也。

劍法中之眼光。不在久視。而在敏銳。故常看細小之洋板書。及食蒜韭辛辣烈酒等物。皆宜避之。狂怒與女色。尤爲禁忌。

手法者。卽言全臂運用之法。肩節要卸得下。肘節要變得快。腕節要圓活而有力。此三節。於劍法中爲特別重要之鍛煉。非如使長槍大戟者。可以忽略也，但此三點之要求。言之甚易。

而欲實用如意。非長久之實習煅煉。不能得心應手也。

普通執劍。大半執持甚固。此謂之死把劍。其利。所執之劍不易落。其弊。不能活用。武當劍。執持甚鬆。謂之活把劍。活把劍之利能活用。但不久練得訣。恐爲人擊落。其執法。以大指及三四指執之。其食指與小指。時常鬆開。其掌中似可容物之狀。在擊刺之時。其劍之活用玄妙。非執死把劍者所可比擬。但煅煉方法。頗需時日者也。

練劍之勁起於丹田。發於腰脊。由臂而達於劍尖。此謂劍術中之勁路。此層功夫內外皆備。須默度體察而煅煉之。前輩云。解得此意。非仙即是道。不得此中意。百煉白到老。

步法者劍術中達成戰鬥之目的者也。若步法不純。身法手法雖精。仍不能殺敵致果也。

步法中要項有三。其一速。其二穩。其三輕。初練時。以兩足之外邊行走。不以全腳掌貼地。因其起落需時。行動不速之故。初習者。其足掌必痛楚。且行走時。極不安穩。但學者不可因之中輟。凡關進退斜行側行諸法。每日晨昏務須煅煉一次。日久足邊之皮骨自固。痛楚自無。而行走亦安穩且捷矣。

全足。分胯節膝節掌節。此三節必須煅煉純軟。每日壓膝。回胯。彎掌。弔腿。諸事。每逢暑期。必須行之。三載以後。其腿自軟。其行走。自輕靈而速捷矣。

身法者。變化進退四法之表現。即補助手法步法之不足者也。其最要之部。如含胸拔背。如脊梁中正。如活腰轉身。如氣沉丹田。皆稱之曰身法。凡習武術者。無論練拳練劍。非含胸拔背不能變化得勢。如挺胸曲背。更行動必板滯而無勢矣。其二。非脊梁中正。不能姿勢正確。書脊梁歪斜。則四肢不正而動作與方向亦不正確矣。其三。非活腰轉身。不能進攻有力。凡人之力。皆出於腰。能用腰者。其力久而旺。不然。以兩臂之力襲人。終不能貫徹目的也。其四。非氣沉丹田。不能久鬪。兩人肉搏之時。其相火已升。若不氣沉丹田。則氣喘痰升。喉必乾。眼必昏。而足亦不穩矣。故此四部。爲身法中最要之件。與眼法步法有密切關係。初習武術者。每易忽略。不知劍法中。最重身法。故不憚繁而反復言之。

以上所述。眼手步身諸法。為劍術中單行補助法。為學劍者。最為重要之鍛煉。學者幸勿忽視可也。

四法歌

手到脚不到。自去尋煩惱。
低頭與彎腰。傳授定不高。
腹內深流沉。遇敵如火燒。
眼到脚手到。方算得玄妙。

附錄

李師芳宸傳略

李師諱景林。字芳宸。又字芳岑。冀南棗強縣人。河北世家也。兄弟五人。伯仲叔皆經商於故里。季早歿。師最少。其祖以技擊聞於兩河間。師幼時得父之傳授。桓桓有俠士風。及壯。遨遊塞外。遇異人皖籍陳世鈞先生。先生沉默寡言。出沒無蹤。冬夏一衲。係武當嫡派。能天盤地盤人盤劍術。師受其業數載。復習太極拳中平槍摔角等技。皆極精勁。時當清季。國勢日替。欲走保定習陸軍。陳先生規之曰。『汝宿根頗厚。且與余有緣。今既習人盤劍。若繼之以地盤天盤各劍術。則吾業可傳。劍俠可成。若棄此而爲他業。觀汝功名固不薄。奈何徒勞碌耳。於圖仍編補也。汝五年後。稍稍顯達。十年後位至驍圻。十五年後漂流四方。於公於私兩無所成。汝若留之。二十年後。或與我會於江淮之上乎。」師當時報國心切竟別陳先生陸軍於保定進武學堂。嗣即執戈躍馬。決勝疆場。嘗敗吳子玉於關東。破馮煥章於南口。逐塞外健兒十餘萬。出關入關者數次。開牙建纛。彪炳一時。師在軍中常以技擊諸術親授將士。恂恂然如弟兄父子。故所部於戰鬪時。奮勇衝鋒。能以白刃肉搏取勝。在關外時。日本人嘗與比劍。輒敗請授。師允而未行。蓋以日人陰鷙。未易與也。公暇輒教其家人。故其家多能劍術。師有妻妾三人。公子二。長名壽剛。業歧黃。次名壽眞。畢業日本士官學校。女一待字閨中。師於天津督辦任內與東省總帥張雨亭不洽。遂辭去。南遊江海間。已復至粵與諸革命先進遊。從十六年國民革命軍渡江北伐。蔣總司令多賴其擘畫。完成統一。師功成不居。回首都組織中央國術館。期吾民族振奮精神。強種救國。歷辦全國國術比試大會。元秀親受其業。退而述成此編呈政。師閱後曰。「汝能記其概略。以惠同門。實吾近年所欲成而未竟之志。汝即付梓可也。」今則誨語如聞。

哲人已萎。緬懷風範。不禁高山景行之思。

武當山劍術近代系統表

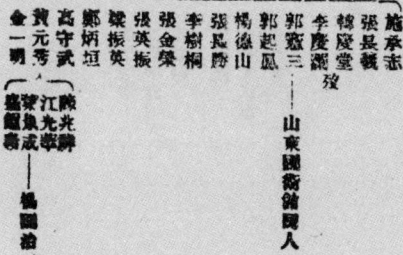

- 施承志
- 張長義
- 韓慶堂
- 李慶瀾（玫）
- 郭憲三 —— 山東國術館職人
- 郭起凰
- 楊德山
- 張長勝
- 李樹桐
- 張金榮
- 張英振
- 梁振英
- 鄭炳垣
- 高守武
- 黃元秀
  - 陳光麟
  - 江光華
  - 黎集成 —— 楊國治
  - 盧鏐壽
- 金一明

附錄

陳俊約先生——李芳宸將軍

- 吳心穀
- 孫存周
- 蔣桂枝……天津國技社同人
- 劉印虎
- 萬籟聲
- 林志遠——濮玉(女)
- 龔大密——武當拳社同人
- 曾昭海——葉季餘
- 張孝田
- 張孝才
- 褚桂亭——滕南葆、金陵各軍官、孫仲英
- 蔣祖安
- 袁偉
- 錢西樵
- 沈爾喬發
- 韋殿鴻
- 鄒家俊
- 高振東
- 陳微明……至柔拳社同人
- 趙渭新
- 胡鳳山
- 孫振岱

朱國禎
朱國祿
蘇景由
郭世銓
馬承志
伍崇仁

（附記）李師所傳門人甚多今就所知者開列如上其餘容再版續登

劍之歷史

考劍之起原黃帝時。蚩尤造兵作亂。帝與戰。執而戮之是時兵器大行。故黃帝本行紀云。「帝採首山之銅鑄劍。以天文古字題銘其上。」又管子地數篇云『昔葛天盧之山發而出金。蚩尤受而制之。以爲劍鎧。』可知劍之創製發明甚古。拾遺記曰。『顓頊高陽氏有畫影劍騰空劍。若四方有兵。此劍飛赴指其方則克。未用時。在匣中常如龍吟虎嘯。』雖所述劍之效用。頗涉神奇。不足爲訓。然畫影騰空二劍。當有所據。非誕言也。及夏之初禹鑄一劍。藏之會稽山。孔甲曾採牛首鐵鑄劍。銘曰夾。商之太甲。鑄一劍曰定光。武丁鑄一劍曰照膽。皆有載籍可考。周公定周禮。劍之製法。詳於考工記昭王自鑄五劍。以投五嶽名曰鎮嶽尚方劍。穆王時。西戎獻昆吾之劍。切玉如泥。是劍不僅中夏流行。且及於邊裔矣。爰及春秋戰國之世。上自朝廷。下及庶民多佩之。所以尚武也。如季札使北過徐。徐君喜其劍。子路初見孔子。雄冠劍佩。卽其明證。至歐冶干將之徒。以善鑄聞於吳越。太阿龍泉之劍。以破敵稱於荊楚。則劍在當時。不僅習俗好尚。且能威服三軍矣。秦漢之際。始皇作定秦劍以張武功高祖得赤霄劍而斬蛇起義。光武微時。亦在南陽得一劍曰秀霸。因知劍史深遠。漸成神物。故魏晉以還。乃有魏武於幽谷得一劍。上有金字曰孟德。晉孝武埋一劍於華山頂銘曰神劍。及雷煥見牛斗間有紫氣。而知豐城有寶劍等事。梁武帝命陶弘景造神劍十三口。用金銀銅鐵錫五色合爲之。唐貞觀時。魏博將聶鋒有女曰隱娘。少時有老尼授以劍術。既嫁。曾隨節度使劉悟左右。後不知所之。又宋史載關西逸人呂洞賓有劍術。百餘歲而童顏。步履輕疾。頃刻數百里。人以爲神仙。泓泓皆名嚴遜貫巢亂。隱居終南。後不知所終。劍用旣廣。因入技藝。旣傳習於女流。復推行於方外。浸假而爲小說家言。伎倆幽奸。神奇變化。穿鑿附會。轉失其眞。要之。劍亦武器之一。習之所以鍛鍊筋骨。用之可以禦敵防身。則自古迄今如一也。

古法製劍概要

考劍之製法。周禮考工記云。兩刃而有脊。自脊至刃謂之臘。又謂之鍔。脊刃以下與柄分隔者謂之首。首以下把握之處曰莖。莖端施環曰鐔。茲圖式如下。

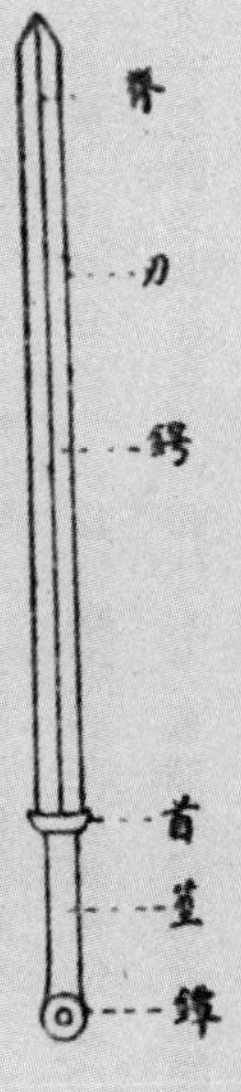

其各部尺度。臘廣二寸有半。兩從半之。（王昭禹曰。謂劍脊中高兩殺而编鍔。趙氏曰。半之。自脊分斷二邊。廣一寸四分之一。）以其臘廣謂之莖圍。長倍之。（鄭鍔曰。莖者劍鐔也。柄謂之夾。莖者人所把握之處。在夾之中。如什木之莖然。故名曰莖。取臘廣以爲莖之圍。圍二寸有半也。長倍之。則長五寸。）中其莖。設其後。（設大也。中其莖。設其後。謂以刃爲前。以莖爲中。以設爲後。則莖以後稍大之。則操執處有所礙著。於把爲易制也。）刃參分其臘廣。去一以爲首廣而圍之。（賈氏曰。首廣謂劍把接刃處之徑。鄭康成曰。以圍其徑一寸三分寸之二。賈氏曰。圍之謂圍。鄭鍔曰。凡劍之制。有鋒有鍔。有脊有鐔有鋏。鋒者所以爲銳也。鍔者所以爲利也。脊者所以爲幹也。鐔者所以爲本也。鋏者附鐔也。君子所以防暴惡。則大小長短之制不宜苟。故其法如此。）劍之大小長短。其式如下。

（一）身長五其莖長。重九鋝。謂之上制。上士服之。

（二）身長四其莖長。重七鋝。謂之中制。中士服之。

（三）身長三其莖長。重五鋝。謂之下制。下士服之。

鄭鍔曰。人之形貌大小長短不一。制劍以供其服。非直以爲觀美。要使各適其用而已。故爲三等之制。以待三等之士。俾隨宜而自便焉。劍之莖其長五寸。劍之身若五倍其莖之長。則三尺也。重九鋝。則重三斤十二兩也。玆其劍之極重之至也。故謂之上制。唯士之長而有力者。然後能勝之。故上士服之。劍身四其莖之長。則二尺五寸也。重七鋝。則二斤十四兩也。長短輕重適得中焉。故謂之中制。唯人之得中者所宜服。故中士服之。若劍身止三其莖。則二尺耳。重止五鋝。則二斤一兩三分兩之中耳。輕而且短。故謂之下制。士之形短而力微者可以服焉。

（按六兩又大半兩爲一鋝。古衡制千黍爲累。十累爲銖。二十四銖爲兩。古一兩當今之半兩。則古之一斤當今之半斤也。）

歷代名劍一覽表

劍名	鑄造時代	質料	題銘	長度	備考
軒轅劍	黃帝所鑄	首山之銅	天文古字		廣黃帝東行紀云帝崩葬橋山五百年後山崩室空惟劍在焉一日亦失去
畫影騰空	顓頊所有				拾遺記曰顓頊高陽氏有此劍若四方有兵此劍飛赴指其方則克在匣中常如龍吟虎嘯
禹劍	夏禹所鑄		腹上刻二十八宿面文日月星辰背記山川		藏之會稽山
啟劍	夏王啟鑄	銅		三尺九寸	後藏之秦望山
太康劍	夏王太康鑄	銅		三尺二寸	太康在位二十九年辛卯三日鑄
夾劍	夏王孔甲鑄	牛首山之鐵	銘曰夾	四尺一寸	孔甲在位三十一年以九年甲辰鑄一劍銘曰夾
定光	殷太甲鑄		文曰定光古文篆書	二尺	太甲在位三十二年以四年甲子鑄一劍曰定光
照膽	殷武丁鑄		銘曰照膽古文篆書	三尺	武丁在位五十九年以元年戊午鑄一劍曰照膽
含光 承影 宵練	殷代				列子曰衛周孔其祖得殷之寶劍童子服之卻三軍之衆一曰含光二曰承影三曰宵練

鎮嶽尚方	周昭王鑄		銘曰鎮嶽尚方古文篆書	五尺	昭王在位五十一年以二年壬午年鑄五劍各投五嶽銘曰鎮嶽尚方
昆吾劍	周穆王時西戎獻	鍊鋼		長尺有咫	用之切玉如泥
駿	周簡王鑄		銘曰駿大篆書	三尺	簡王在位十四年以元年癸酉鑄
干將莫邪	吳人干將莫邪所造	鐵			吳越春秋載吳王闔閭使干將作二劍其妻莫邪斷髮翦爪投鑪中劍成雄號干將雌號莫邪
越五劍	越歐冶子造	銅錫			越絕書載歐冶因天之精神悉其伎巧鑄成五劍一曰湛盧二曰純鈎三曰勝邪四曰魚腸五曰巨闕
越八劍	越王使工人所鑄	採金			拾遺記載越王以白牛白馬祀昆吾之神以成八劍名曰掩日斷水轉魄懸翦驚鯢滅魂卻邪眞剛
龍淵太阿工布	楚使歐冶干將所造	鐵英			越絕書載楚王聞吳有干將越有歐冶子命風胡子往見之使作鐵劍因成龍淵太阿工布鐵劍三枚
誠	秦昭王鑄		銘曰誠大篆書	三尺	昭王在位五十二年以元年丙午鑄
定秦	秦始皇鑄	採北祇銅	銘曰定秦小篆書李斯刻	三尺六寸	始皇在位三十七年以三年丁巳鑄
神劍	漢太公所得				鈎命訣載太公微時有冶爲天子鑄劍指太公殿間保刀曰若得雜冶即成神劍可以克天下太公解投冶中劍成授太公

附錄

赤霄	漢高帝所得	鐵	銘曰赤霄大篆書	三尺	高帝以秦始皇三十四年得於南山及貴常服之斬蛇卽此劍
神龜	漢文帝鑄			三尺六寸	同時鑄三劍刻龜形故名帝崩命入劍玄武宮
八服	漢武帝鑄		銘曰八服小篆書	三尺六寸	以元光五年鑄凡八劍五嶽皆埋之
茂陵劍	漢昭帝所得		上銘直千金壽萬歲		昭帝時茂陵人獻一寶劍故名
毛貴	漢宣帝鑄		二劍銘皆小篆書	三尺	以本始四年鑄一曰毛二曰貴以足下有毛故爲之
衍	漢平帝所得		上有帝名大篆書		平帝在位五年以元始元年辛酉擲得上有帝名衍因服之
乘勝萬里伏	王莽鑄		銘曰乘勝萬里伏小篆書	三尺六寸	莽造威斗及神劍皆鍊五色石爲之
更國	更始劉聖公鑄		銘曰更國小篆書		
秀霸	漢光武所得		文曰秀霸小篆書		未貴時在南陽鄠山得之
玉具劍	光武以賜馮異			七尺	馮異傳赤眉暴亂三輔以馮異爲征西將軍討之車駕送至河南賜以乘輿七尺玉具劍
龍形	漢明帝鑄				永平元年鑄上作龍形沉之洛水中水清時常有見之者
金劍	漢章帝鑄	金質			建初八年鑄投入伊水中

安漢	漢順帝鑄		銘曰安漢小篆書	三尺四寸	永建元年鑄
中興	漢靈帝鑄		文曰中興小篆書		建寧三年鑄同時鑄四劍銘文皆同後一劍無故自失
孟德	曹操所得		上有金字銘曰孟德	三尺六寸	獻帝建安二十年操於幽谷得之
思召	袁紹所得		上銘曰思召		古今注袁紹在黎陽夢神人授一寶劍及覺果在臥所銘曰思召解思召爲紹字
蜀八劍	蜀昭烈帝鑄	採金牛山鐵		三尺六寸	一備自服餘賜太子禪梁王理魯王永諸葛亮關羽張飛趙雲各一
鎮山劍	蜀後帝禪造			一丈二尺	延熙二年造此巨劍以鎮劍口山故名
倚天　青虹	魏武帝鑄				其利斷鐵如泥一自佩一賜夏侯恩
魏三劍	魏太子丕造				一曰飛星一曰流采一曰華鋌
文士劍	楊修獻魏文帝				文士傳楊修以寶劍與魏文帝帝佩之語人曰此楊修劍也
吳六劍	吳大帝所有				古今注載吳大皇帝有寶劍六一曰白虹二曰紫電三曰辟邪四曰流星五曰青冥六曰百里
大吳	吳大帝孫權鑄	採武昌銅鐵	文曰大吳小篆書	各三尺九寸	黃武五年共作劍千口
流光	吳主孫亮鑄		文曰流光小篆書		建興二年鑄

皇帝吳干	吳王孫皓鑄		文曰皇帝吳干小篆書		建衡元年鑄
步光	晉懷帝鑄		銘曰步光小篆書	五尺	永嘉元年鑄
五方單符	晉穆帝鑄		銘曰五方單符隸書		以永和五年於廖山造劍五口
神劍	晉孝武帝		銘曰神劍隸書		以太元元年造此劍於華山頂
定國	宋武帝鑄		銘曰定國小篆書		永初元年鑄此劍後入于梁
永昌	宋廢帝昱造		銘曰永昌篆書		元徽二年造於蔣山之巔
梁神劍	陶弘景造	命銀銅錫鐵五色合爲之	文曰服之者永治四方小篆書	長短各依劍術法	梁武帝依普通中庚子命弘景造神劍十三口
鎮山沈水	北魏道武帝造		隸書		登國元年帝於嵩岡鑄此二劍
龍雀	夏赫連氏造		銘曰大夏龍雀		魏志赫連百鍊爲劍號曰大夏龍雀銘其背
太常	北魏明元帝造		銘背曰太常	四尺	
千金劍	唐晉公王鐸所有				劍俠傳唐晉公有千金劍以殪李龜壽
火精劍	唐德宗所有				杜陽雜編載夜見數尺光明斫鐵削碑

附錄

西番寶劍	宋				宋鑑載右相都督張浚請御前降西番寶劍給賜有功將士以爲激勸
古銅劍	宋蘇軾所得				東坡集載郭祥正遺古銅劍東坡謝以詩云一雙銅劍秋水色兩首新詩爭劍鋩
楚銅劍	宋鄭文所得				方輿志載宋供奉官鄭文寶官楚武昌江岸裂出古銅劍文得之冶鑄精巧非人工所能成者
安定劍	明初安定王所貢				咸賓集載洪武甲寅安定王遣使貢名劍賜以織金文綺命其酋長立爲四部歲入貢爲常

[redacted]

（封面） 武当剑法大要

黄元秀 编

商务印书馆发行

武当剑法大要

中华民国二十年七月初版
每册定价大洋四角
外埠酌加运费汇费

编纂者　黄元秀
发行人　王云五　上海宝山路五〇一号
印刷所　上海宝山路　商务印书馆
发行所　上海及各埠商务印书馆

练剑之要，身如游龙。切忌停滞。习之日久，身与剑合，剑与神合，于无剑处处处皆剑，能知此义，则近道矣。

古广川　李景林题

剑气如虹

剑行似龙

剑神合一

玄妙无穷

广平　杨澄甫题

剑术一道，源流最远，惜日久失其真☐，惟广川李公，承三丰之嫡传，神施变化，运实于虚，参两间之消息，契正气之流行，剑术至此，叹观止矣。黄君文叔于学剑之余，分析记之，他日风行海内，定然纸贵洛阳也。

江苏东海　吴心谷拜题

剑与身合为一，所谓神而明之、存乎其人者。

孙福全题词

剑术为中国最古之技术，历来为重文轻武之见所湮没，乃者国术日渐昌明，谈剑之书随之而多，述法者多，述理者少也。桂亭自幼好武，对于剑术访遍南北，未有如李公之玄妙者也。曩与黄君文叔同受教于李公，朝夕相共，颇多记录，今将付梓，用志数语，以附编后。

褚桂亭识

几无为
神变化

庚午　杜心五题

李芳宸先生神剑之说明

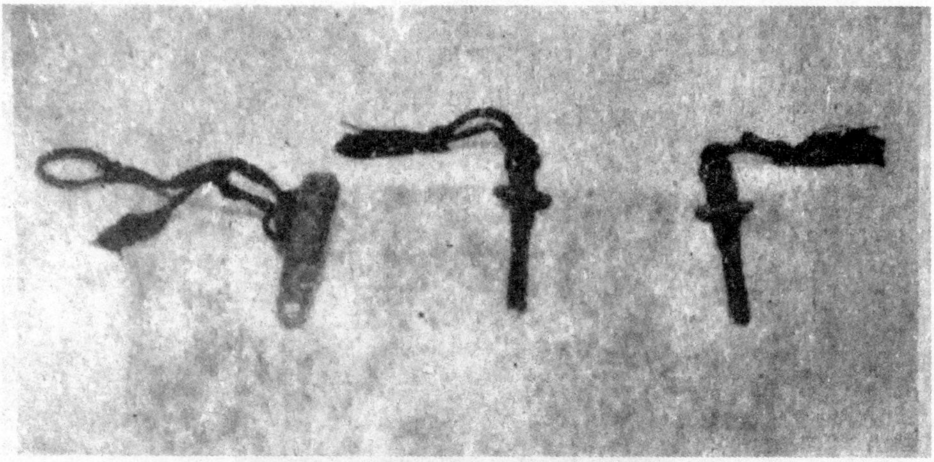

李芳宸先生之神剑

上图神剑系金鞘之双剑，柄长一英寸，刃长约二寸。柄似铜制，刃似钢制，鞘壳全铜制，晶莹夺目，清雍正时剑侠所用，原秘藏于宫内，共有十三具。迨民国肇兴，清社既屋，故宫宝物，渐次失散，此剑辗转入于李师手。李师曰：前人练习此剑能吞之入腹，纵入飞空。李师亦欲练之，惜未从陈世钧先生竟其学。然观其质坚锋利，精光寒烁，洵神品也。

李芳宸先生之像

编者黄元秀之像

黄元秀与褚桂亭对剑图

景中人自右而左，前列：田绍先、郑佐平、杜心五、李芳宸、刘百川、孙禄堂、杨澄甫。
后列：沈尔乔、黄文叔、褚桂亭、高振东、钱西樵、苏景由。

河北李芳宸将军，剑术武技得有真传，海宇宗仰，比为主持国术比试棨戟。遥临湖山生色，振东、尔乔、西樵公宴之于涌金门外放庐，共摄一景，藉留纪念。

时民国十八年秋　黄文叔记

叙

邃古文人，率娴武事，三尺龙泉与琴书并称，度当时剑术必甚普遍。秦汉而还，右文成习，武事销沉。逢掖之士，力不能缚鸡，遑论使用武器，故剑术之传，仅深山穷谷间，高人逸士相与授受而已，因此高尚而普及之武技，寖假湮没无闻，至可慨也。

愚幼读诗书，壮岁好武。曩在军校肄业时，击剑之技，列为专科，教授无人，借材异域，日人松岛良吉，愚尝受教，击刺劈斫，颇矜其能。厥后漫游东瀛，邂逅彼邦，剑术能者小仓延猛，暇时请益，觉其技术精妙，迥异凡流。从之习，未竟其业而返国。斯时明知若辈窃我绪余，转而骄我。顾我自无人传习。致兴才难之叹，与人何尤。虽然，莽莽神州，遽谓剑术专家竟尔绝迹，终未能信，以故荏苒十余年，心恒耿耿，亦尝旁搜博访，冀一遇其人，一觇吾国固有之剑术。特是专家难得，惬意者寡，论剑之书，更无从觅取，失望极矣。丙丁之交，朝野上下，竞言国术。聘河北李芳宸将军南来主持中央国术馆。于是京沪人士，始得目睹李将军之剑术惊人，竞相传述。戊辰秋浙中筹备全国国术游艺大会，将军任评判委员长，愚专诚晋谒，备聆中国剑术之源流沿革。亲见将军之身手剑法，是诚十余年来欲求一见而不得者，大喜过望。不揣简陋，从习多日，觉其湛深精妙，不可言喻，用将口授要诀，笔之于书，聊备遗忘。同学诸子，以其便于初习，怂恿付梓，以广流传。爰叙其缘起于篇首，邦人君子，幸辱教之。

十九年夏月　黄文叔　序

目　录

武当剑法大要

一、剑法述要

剑术之道，全凭乎神，神足而道成。炼精化气，炼气化神，炼神成道。剑神合一，是近道矣。

武当剑法，外兼各家拳术之长，内练阴阳中和之气。习此道者，当以无漏为先，保精养气，宁神抱一，同时学习内家拳为之基础，基础既立。然后练习剑法，方得事半功倍。盖使剑亦如使拳，不外意气为君，而眼法、手法、步法、身法、腰法为臣。是故令其闪展腾拿之轻灵便捷，则有如八卦拳；其虚领顶劲，含胸拔背，松腰活腕，气沉丹田，力由脊发，则有如太极拳；而其出剑之精神，勇往直前，如矢赴的，敌剑未动，我剑已到，则又如形意拳也。

二、练剑之五戒

古来于技术一道，轻视学理，偏重实验。凡百技术，莫不皆然，而于剑术尤甚。但剑术未练之先，须严守五戒。不然若犯其一戒，非徒无益，而有害也。

第一戒色欲：色者，女色与手淫。学剑者，最为禁忌。练习之时，首重精神，有精而后有气，有气而后有力，有力而后有神。欲者，货利之欲。学者亦宜克制。首编所云：炼精化气，炼气化神，炼神成道；又曰：保精养气，宁神抱一。此为剑术界、宗教界奉为千古不易之论，亦人生养生之要道也。

第二戒残暴：历来名将豪侠，练习武术，首重德行。大则为国干城，为民造福；小则捍卫乡党，除暴安良。所为泽及当时，名留后世，非用于叛逆草窃，好勇斗狠等事也。

第三戒躐等：凡习武术，无论何门何派，皆由浅而深，由简而繁。剑术亦然，先练眼法、身法、手法、步法（此为外四要）；次练胆力、内劲、速力、沉着（此为内四要）。按级习练，先求开展，后求紧凑，循序渐进，方臻妙用。

第四戒过分：剑术之妙用无穷，而一身之精力有限，故一日之练习，以一日之饮食休养为衡。饮食以补其精，休养以复其神。精神饱满，则功夫亦随而长进。故大饥大饱之时，不宜练习。练习疲劳之时，则宜散步换气，静坐调息。如是调节，庶不致进锐退速也。

第五戒无恒：学剑者，当发义侠心、坚毅心、勇敢心。孔子曰：人而无恒，不可以作巫医，况学剑乎？勿谓身弱而自馁，勿谓质钝而中止，勿因事繁而中辍，勿为环境而中断。天下事，有志者事竟成。圣人之言，勿我欺也。愿学者三复斯言。

三、剑法十三势

武当剑法，大别为十三势，以十三字名之，即抽带提格，击刺点崩，搅压劈截洗；亦似太极拳之掤捋挤按，采挒肘靠，前进后退，左顾右盼中定也。此外另有舞剑，未有定式，非到剑术纯妙不能学习，非口授面传，不能领会。

四、十三势详解图说

抽

有上抽、下抽二法，其式均为太阴剑，手背向上，手心向下，剑尖向前方敌腕之下或上，往右抽之，顺势而断其腕也。此时之左手为阴手，戟指向前作半圆形。身体偏右，故右足实而左足虚，即第一套上节，下手之下抽是也，如第一图之下手抽腕刺式。

若作第一套下节之上手上抽时，左手扶助右手，向右而行，如第二图之上手抽腕式；又第二套刺腕抽腰式。

带

有直带、平带二法。

直带，为中阴手，手心正中，剑向前方敌腕之下，身向后仰，顺势向后带其腕而伤之。此法破敌上来（灌耳击顶）等剑。右足在前变虚，左足在后变实，左手扶助右手剑柄而行之。如第一套第五图之上手带腕式；又第四套下手直带式。左手戟指向后，左足实，右足虚，如第六图。

平带，即阳剑圈，为太阳剑。手心向上，手背向下，剑尖向前方敌腕之下或上，向左平带，趁势伤其腕。

如第四套下节之上下手进退抽带式，左手扶助右手，先抽而后带。左足实，右足虚。如第七、八两图。

又第四套上节之对阳剑圈，亦为平带法。左手扶助右手剑柄，先刺而后带。此时右足在前是实，左足在后是虚，如第九、十两图。

又第一套带剑刺喉式，左手扶助右手，先带剑而后刺喉。刺时右足在前是实，带时右足在前变虚，如第十一、十二两图。

上手　　　　下手（抽）

第一图

下手　　　　上手（抽）

第二图

下手（抽）　　　　上手

第三图

下手（抽）　　　　上手

第四图

下手　　　　上手（带）

第五图

下手（带）　　　上手

第六图

下手（带）　　　上手

第七图

下手（抽带）　　上手

第八图

上手（阳剑圈平带）　　下手

第九图

上手（阳剑圈平带）　　　　下手

第十图

上手（刺喉带）　　　　下手

第十一图

第十二图

提

有向前提、后提二法，其式均为老阴剑，而身法有向前、向后之分。身法向前者，为前提式，手腕向上，剑尖向敌腕下扎，如提物向上之势。有时前足是实，如第一套上节第十三图之上下手对提式。此法有时前足是虚，如第二套上节第十四图。上下手对提式，此时左手戟指作半圆形，五套中用之最多。学者须手心空，手腕活，方尽其妙。

如身法向后时，为后提式，右足往后是实，左足在前是虚。左手扶助右手，向后而行。如第十五图之上下手对提式（第二套终了之式）。

格

有下格与翻格二法。

下格，以中阴剑斜势，由下向上格敌之腕，身体偏向右方，故右足实而左足虚，左手戟指作半圆形，即第三套下节上格腕式，如第十六图。

翻格以避敌近身之剑。而翻格其腕，此法奇险，非身法虚灵、手法圆活者，不可用也。即第一套翻格带腰之翻格式上手行格腕时，如十七图。前右足虚，后左足实，下手行带腰时，如第十八图前右足实，后左足虚，左手戟指作半圆形。又第三套之格腕带腰时，如第十九图。

上手　　（提）　　下手

第十三图

上手　　　　（提）　　　　下手
第十四图

下手　　　　（提）　　　　上手
第十五图

上手　　　　（格）　　　　（下手）

第十六图

下手　　　　上手（格）

第十七图

下手　　　　上手（格）

第十八图

下手　　　　上手（格）

第十九图

击

有正击、反击二法。

正击为少阳剑，手腕向上，以剑平行，直前击敌之腕，如击磬之势。右足向前是虚，左足在后是实，左手戟指向后撑，即第二套上节之上击腕式，如第二十图。又第二套下手之击顶式，如第二十一图。

反击，有击耳、击腕之分。击耳即俗称为灌耳，以剑之刃反击敌之耳际是也。右足往前是实，左足在后是虚，即第一套中之压剑击耳式，如第二十二图击腕。即第三套之扣腕击，如第二十三图。又第二套上手反击腕，如第二十四图。

上手（击）　　下手

第二十图

下手（击）　　　　上手

第二十一图

下手　　　　上手（击）

第二十二图

下手（击）　　　　上手

第二十三图

下手　　　　上手（击）

第二十四图

刺

有侧刺、平刺二法。

侧刺，即以中阴剑，上步向前直刺，右足在前是实，左足在后是虚，左手戟指作半圆形，即第一套之下手抽腕刺式，如第二十五图。又第五套上节下手刺胸（金鸡独立式），如第二十六图。又第五套下节下手翻腕刺，如第二十七图。

平刺与侧刺同，惟剑面作平扁向前行耳，即第一套开始之对平刺式，如第二十八图。

下手（刺）　　　　上手

第二十五图

上手　　　　下手（刺）

第二十六图

上手　　　　下手（刺）

第二十七图

下手　　　　（刺）　　　　上手

第二十八图

点

中阴剑，身臂皆不动，以腕掌之力，使剑尖往下直点敌腕。右足在前是虚，左足在后是实，左手戟指作半圆形，如第二十九图，即第一套上节上手之点腕式，及第二套下节之上手点腕式。

崩

有正崩、反崩二法。

正崩，即以中阴剑，身臂皆不动，手持剑柄，使剑尖向上直挑敌腕。右足在前是实，左足在后是虚。左手扶助右手剑柄，使剑尖上崩，即第二套之斜步崩式，如第三十图。

反崩在套步中，由下向上，反手崩敌之腕，即第一套上节之对反崩式，如第三十一图。此点崩二法，全仗丹田内劲行之。

上手（点）　　　　下手

第二十九图

上手　　　　下手（崩）

第三十图

下手　　　　上手（反崩）

第三十一图

劈

其式持中阴剑，上步向前直劈，即第三套开始之劈头式。右足在前是实，左足变虚，左手戟指作半圆形，如第三十二图。

截

有平截、左截、右截、反截四种。

平截，即以中阴剑上前截敌之腕。前右足实，后左足虚，第五套上节之抬剑平截式，如第三十三图。

左截者，避敌刺我之剑，身体偏右，而剑向左方截敌刺我之腕，故右足实，而左足虚，即第一套中节下手之截腕式，第二套中节上手之截腕式，如第三十四图。

右截者，避敌击我之腕身，向左方以剑回截敌之右腕，故左足实，而右足虚，即第五套之对截式，如第三十五图。

反截，即第五套上节下手反截腕。左足实，右足虚，身偏左，由上向下而截敌之右腕，如第三十六图。

无论左截、右截，左手戟指作半圆形。

上手　　　　　下手（劈）

第三十二图

下手　　　　　上手（平截）

第三十三图

上手　　　　　下手（截）

第三十四图

上手　　　　　下手（截）

第三十五图

上手　　　　　下手（截）

第三十六图

搅

有横搅、直搅二法。

横搅上下手皆为中阴剑，作直角式而搅之，即第一套上手之横搅式，左手戟指作半圆形。此时上下手在行走中，左右足虚实不定，如第三十七图。

直搅下手变为阳剑时，其剑尖直搅上手之腕，左手扶助右手剑柄直进，即第四套下手之进步搅式，如第三十八图。此时上手作退步姿势，亦以阳剑剑尖，回搅下手之腕。左手扶助右手剑柄，向后且搅且退，如三十九图。惟下手搅时，其剑尖之圈小，剑柄之圈大；上手搅时，剑尖圈依下手之腕而搅，自己之腕避下手之剑尖而绕行。

下手（横搅）　　上手

第三十七图

下手（直搅）　　　　上手
第三十八图

下手（直搅）　　　　上手
第三十九图

压

即我之阴剑，作直角式压敌之剑，使其停滞，而我得乘机变化攻击之也。压时，我之剑尖稍向下垂，使敌剑无可逃脱。右足在前是实，左足在后是虚，左手戟指作半圆形，即第一套之压剑式，如第四十图。

洗

此式为中阳剑，持剑上步，猛进敌身，由下向上倒劈之。右足向前是实，左足在后是虚，左手戟指作半圆形，即第四套之上手洗式，如四十一图。

上手　　　　下手（压）

第四十图

上手（洗）　　　　下手

第四十一图

注：剑法无砍斫等名称，有之刀法而非剑法也，故剑法当以此十三式为准。学者先求各式正确，然后再求精熟，嗣后熟能生巧。此与学书者先求平直，勿追险绝之语可一例也。

五、武当剑手法阴阳圈

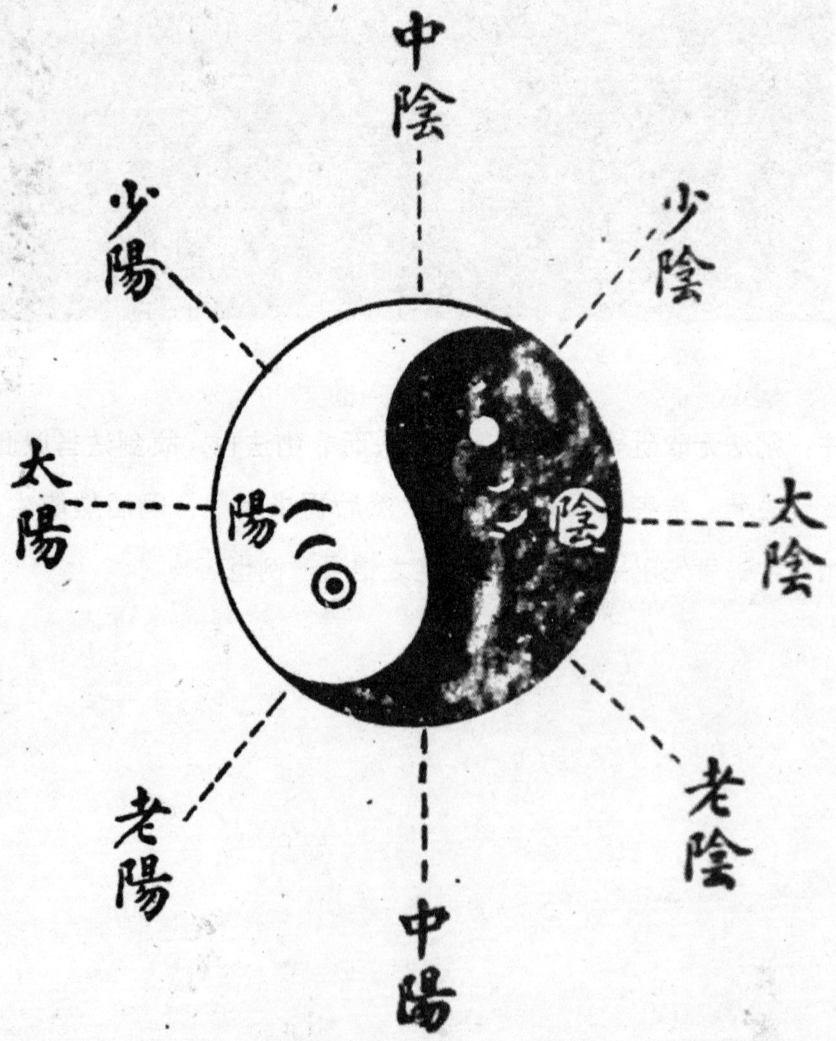

六、分级练习法

初级个人单练。二级对套子。三级活步对剑。四级二人对练散剑。

注：散剑〼〼〼〼一人可以对二人以上之敌人，或以一剑对抗长枪大戟。神而明之，存乎其人矣。

七、对剑三角法

敌来之剑为截，我应以提，成上三角也。

敌来之剑为刺，我应以崩，成下三角也。

敌来之剑为搅，我应以带，成左三角也。

敌来之剑为劈，我应以下斜格，成右三角也。

三角习熟，而后进以阴阳圈。两法习熟，始可习散剑矣。

注：武当剑法甚奇，而〼拳实〼于科学之三角法，学者幸勿忽略。

八、阴阳剑圈法

手背向上，为之阴剑。阴剑圈，先带后刺。手心向上，为之阳剑。阳剑圈，先刺后带（第四套之上半节是也）。手背向上而少斜，为少阴剑（提剑式）。手心向上而少斜，为之少阳剑（劈剑式）。阴阳两剑圈，皆须单行熟练。此式之要，在身退而剑进，身避而剑刺也。阴手为抽，阳手为带（指第四套下半节搅剑后之手法）。

九、武当剑各套对练法

第一套

上下出剑式，对平刺（阳手），对翻崩，上点腕，下抽腕刺。对提，对走，下翻格带腰，上翻格带腰，重二遍。下压剑击耳（灌耳），上带腕（崩势），对提对劈，下刺喉，上带剑刺喉，阳剑圈，上横搅，下击头，上击腿，下截腕，上带腕（保门势），下左截腕，上抽腕刺胸，下截腕，上带腕（保门势），下翻格，上抽腕，各保门完。

第二套

下上步击，上击腕，对提，上刺膝（箭步），下压剑带腰（箭步），对翻崩，上点腕，下斜刺崩，上抽，下刺腹，上左截腕，对劈，下反击耳，上反击腕，下抽腿，互刺腕，抽腰走，重二次。下击头，上带腕回击，对提，各保门完。

第三套

下劈头，上格剑带腰，下格腕带腰，上格腕带腰，下格腕带腰，上格腕，下压剑，反击耳（灌耳），上直带，（崩势）下提，上上步扣腕击，下上步扣腕击，对走，对反抽，下刺腹，上格腕，对绕腕，各保门完。

第四套

上洗，下阳剑圈起手，对阳剑圈，下阴剑圈起手，对阴剑圈，下进步搅，对搅，下抽，上下进退抽带，重三遍。下崩，上抽，下上步刺互压剑，下击腿，上反击耳，下直带，对提，各保门完。

第五套

对伏式。上刺（中阴手），下击腕，上抬剑，平截，对截腕，对提，对走，上正崩（中阴手），下带腕（保门势），上进步反格（中阴手），下抽身截腕，上上步截腕，下反截腕，上抽手截腕，下抽手截腕，上带腿换步刺腰，下换步刺腰，上平抽，下刺胸（独立金鸡式），上平带对提，各保门，各伏式，下刺胸，上平击，对提，对劈，对刺，上格腕，下翻腕刺，上扣腕刺，对转身劈剑式，各保门，上下收剑式完。

以上所编套子，以十三式应用方法变化而成，对练时，审来度往，按法练习。初习时，宜慢不宜快，宜缓不宜疾，式式应到家，剑剑须着实。有时须注意用法与练法不同处，此其大概也。

注：此即两人对练套子，上下手不同，故须一人习上手，一人习下手。学者宜对练精熟，然后互易上下手。如上手熟改习下手，习下手者改习上手，庶几一人兼会两法。师门所传现只六大段，约言之则为六套，故曰套子对练法。

十、活步对剑

上下手出剑式，上下手对刺，上套步压剑，上上步灌耳，对格腕带腰走，上击耳（灌耳），下击腕，下击耳（灌耳），上击腕走，上下双击耳，上下对刺腕，对击头，对横搅，上截腿，下击腕，对阳剑圈，对阴剑圈，对直搅，下刺，上带，各对刺，上左手按，下扫堂，上跳步击头，下回击腕，上平带腰，上转身击腕，下转身击腕，下击耳，上刺腕，保正门，上下收剑式完。

十一、散剑法

练散剑，分三种方法。

第一原地对击法，活用手腕，与人击刺，使心、眼、手三者合为一气是也。

第二行动对击法，以手法、步法与人对击。

第三活用身法、手法、步法，忽前忽后，声东击西，或上或下，奔腾飘忽，剑行如电，身行如龙是也。

注：散剑如拳家之散手，备实用之动作也，未□散剑不可与人对剑。然套子活步对剑等等，无相当功夫者，决不可先习散剑，是以戒躐等也。

十二、心空歌

歌曰：

手心空，使剑活；

足心空，行步捷；

顶心空，身眼一。

十三、练剑歌

头脑心眼如司令，手足腰胯如部曲。

内劲仓库丹田是，精气神胆须充足。

内外功夫勤修练，身剑合一方成道。

注：丹田譬犹仓库，蓄内劲之所也。身剑合一者，剑恍如其人肢体之一部，凡其人之内劲能直贯注剑锋，则其锋不可犯也。

十四、练剑之基本

一眼神，二手法，三身法，四步法。

十五、练剑之精神

一胆力，二内劲，三迅速，四沉着。

剑法之基本，外四要也。剑法之精神，内四要也。内外精健，庶乎近焉。

注：内劲云示与蛮劲拙力不同，但无悠久之功夫。无正确之教练，无持久之毅力，决无成绩可言。是以练剑者，长习内家拳，以蓄内劲。内劲之云其所由来者渐，非一朝一夕所能致也。

十六、用剑之要诀

用剑之要诀，全在观变（眼神）。彼微动，我先动（手法）。动则变（身法）。变则着矣（步法）。此四句皆在一个字行之，所为一寸匕，所谓险中险（胆力）。即剑不离手（迅速），手不着剑是也（沉着）。

注：剑为短兵器中之王，三面皆刃，故其用法与单刀迥异。时下流行之剑法，大率属入刀法，虽剑光耀目，实类花刀，不足称也。

十七、制剑

古来名将豪侠，所用之器械，大小轻重不一。其冲锋陷阵，杀敌致果与否，全视乎艺术之精疏，与环境之如何耳。非大者定能胜小，重者定能胜轻，稍明武术历史者，无不深知也。

人身禀赋不同，生长各异，故所用之器械，长短轻重，全视其人之大小而异。总以运用灵活，指挥如意，为合用。其次研究质料之精粗，与装配之良好。武当剑之剑把，与通常剑把不同，其形状如向上之棱角，于剑法上有特别作用：其一可以抗敌之剑；其二可以利用敌剑之力，而伤敌之身手。其妙用全在阴阳二法中，非为美观而装饰也。此初习武术者急应注意，否则于急遽之中，未能得心应手也。

武当剑分练习剑与实用剑两种，练习剑为栗树或檀木制，实用剑为纯钢制成。

练习剑：凡人生长在六尺以下，体重在百二十斤以内者，为之通常体格。其练习之木剑，全长为三尺，乃至三尺六寸（英尺）；剑柄长六寸，乃至八寸；其重十四两，乃至十八两。其重点在全长之中心，过轻不能增长腕力，过重反将臂腕练拙，不得虚灵圆活之妙用矣。如四十二图。

第四十二图

实用剑：以纯钢弹力剑为佳。通常体格者，其长短与学习剑相等，其重量，较学习剑减轻八折为适当。如过长过重，皆非所宜。重心须近手柄，否则不便使用。如四十三图及四十四图。

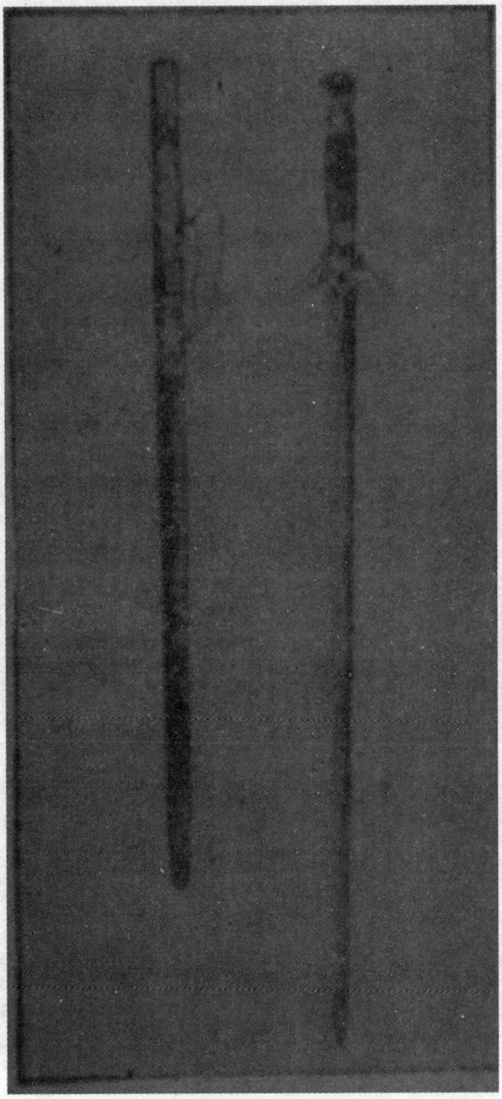

第四十三图

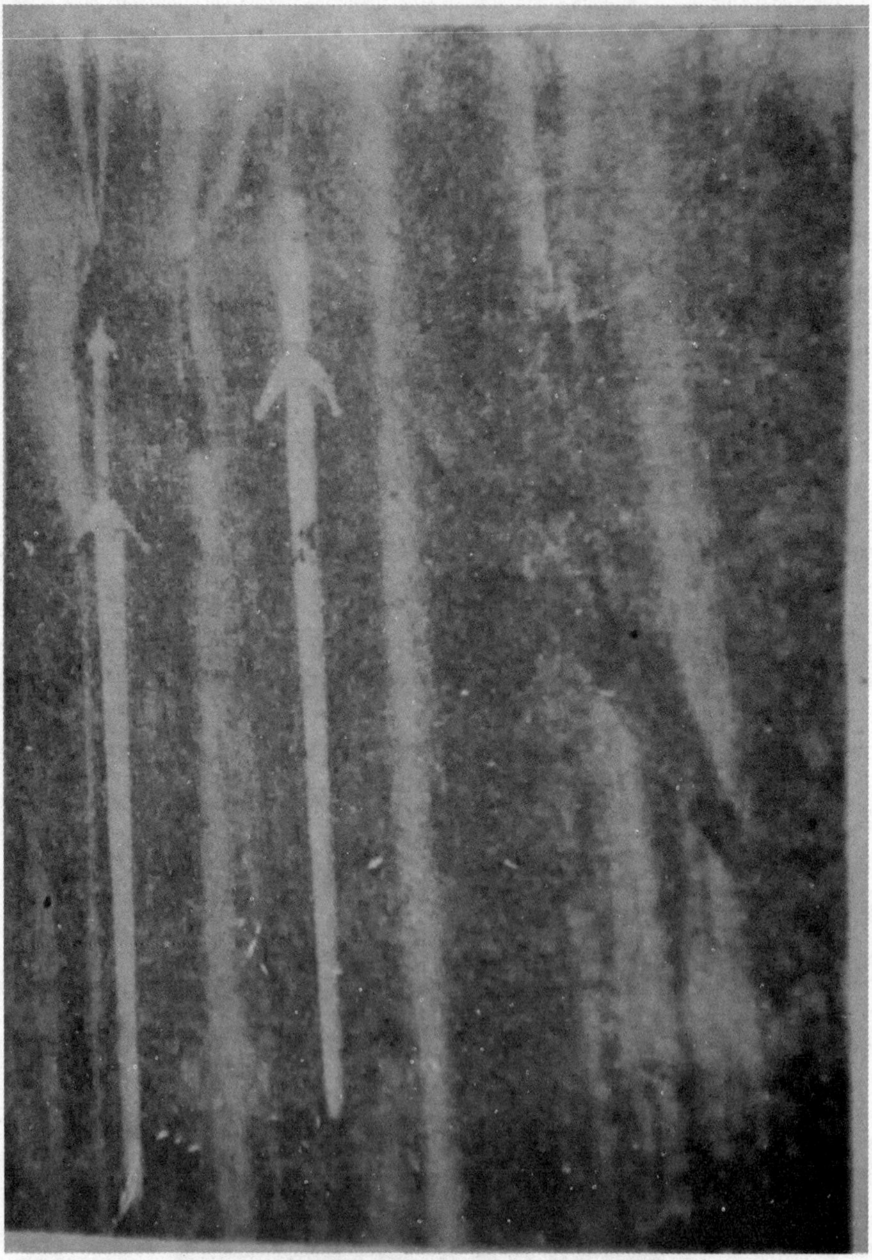

第四十四图

十八、眼法、身法、手法、步法之实习

眼法者

使眼上下左右前后一瞬即明，而手中之剑，同时亦到着目的之谓。简单言之，平时须宁神静坐，含养目光而已。凡人身眼珠之视物，明与不明，全在瞳神放大与缩小，及眼珠伸出与缩进。换言之，即将视线之焦点，切合于目的物是也。焦点切合，则目的物清晰；焦点不切合，则所视之物不明晰矣。故学者须保养精神，使眼珠全部有力，在刹那间，有放大缩小、伸张退缩之力。但练习之法，是在逐日功夫，每日于大光之下，行前后左右上下之回顾。顾睦目的物，以字为佳，初则其字大而近，继则字小而远，务使一看即明。手中之剑，即刺所看之物，此法于黑暗中、斗光中、斜光中，皆宜频频行之。每日晨间百次，晚间百次，不可减少与中辍也。

剑法中之眼光不在久视，而在敏锐，故常看细小之洋板书，及食蒜韭辛辣烈酒等物，皆宜避之。狂怒与女色，尤为禁忌。

手法者

即言全臂运用之法。肩节要卸得下，肘节要变得快，腕节要圆活而有力。此三节，于剑法中为特别重要之锻炼，非如使长枪大戟者，可以忽略也。但此三点之要求，言之甚易，而欲实用如意，非长久之实习锻炼，不能得心应手也。

普通执剑，大半执持甚固，此谓之死把剑。其利，所执之剑不易落。其弊，不能活用。武当剑执持甚松，谓之活把剑。活把剑之利能活用，但不久练得诀，恐为人击落。其执法以大指及三四指执之，其食指与小指时常松开，其掌中似可容物之状。在击刺之时，其剑之活用玄妙，非执死把剑者所可比拟，但锻炼方法颇需时日者也。

练剑之劲起于丹田，发于腰脊，由臂而达于剑尖，此谓剑术中之劲路。此层功夫内外皆备，须默度体察而锻炼之。前辈云：解得此意，非仙即是道。不得此中意，百炼白到老。

步法者

剑术中达成战斗之目的者也。若步法不纯，身法手法虽精，仍不能杀敌致果也。步法中要项有三：其一速，其二稳，其三轻。初练时，以两足之外边行走，不以全脚掌贴地，因其起落需时，行动不速之故。初习者，其足掌必痛楚，且行走时极不安稳，但学者不可因之中辍。凡属进退斜行侧行诸法，每日晨昏务须锻炼一次，日久足边之皮骨自固，痛楚自无，而行走亦安稳且捷矣。

全足分胯节、膝节、掌节，此三节必须锻炼纯软。每日压膝、凹胯、攀掌、吊腿诸事。每逢暑期，必须行之。三载以后，其腿自软，其行走，自轻灵而速捷矣。

身法者

变化进退四法之表现，即补助手法步法之不足者也。其最要之部，如含胸拔背，如脊梁中正，如活腰转身，如气沉丹田，皆称之曰身法。凡习武术者，无论练拳练剑，非含胸拔背不能变化得势。如挺胸曲背，乃行动必板滞，而无势矣。其二，非脊梁中正，不能姿势正确。若脊梁歪斜，则四肢不正，而动作与方向亦不正确矣。其三，非活腰转身，不能进攻有力。凡人之力，皆出于腰，能用腰者，其力久而旺。不然，以两臂之力袭人，终不能贯彻目的也。其四，非气沉丹田，不能久斗。两人肉搏之时，其相火已升，若不气沉丹田，则气喘痰升，喉必干，眼必昏，而足亦不稳矣。故此四部，为身法中最要之件，与眼法步法有密切关系。初习武术者，每易忽略，不知剑法中最重身法，故不惮繁而反复言之。

以上所述，眼手步身诸法，为剑术中单行补助法，为学剑者最为重要之锻炼，学者幸勿忽视可也。

四法歌

手到脚不到，自去寻烦恼。
低头与弯腰，传授定不高。
腹内深流沉，遇敌如火烧。
眼到脚手到，方算得玄妙。

附 录

李师芳宸传略

李师讳景林，字芳宸，又字芳岑。冀南枣强县人，河北世家也。兄弟五人，伯仲叔皆经商于故里，季早殁，师最少。其祖以技击闻于两河间。师幼时得父之传授，桓桓有侠士风。及壮，遨游塞外，遇异人皖籍陈世钧先生。先生沉默寡言，出没无踪，冬夏一衲，系武当嫡派，能天盘、地盘、人盘剑术。师受其业数载，复习太极拳中平枪、摔角等技，皆极精劲。时当清季，国势日替，欲走保定习陆军，陈先生规之曰："汝宿根颇厚，且与余有缘。今既习人盘剑，若继之以地盘、天盘各剑术，则吾业可传，剑侠可成。若弃此而为他业，观汝功名固不薄，奈何徒劳碌耳，于国仍无补也。汝五年后稍稍显达，十年后位至疆圻，十五年后漂流四方，于公于私两无所成。汝其志之，二十年后，或与我会于江淮之上乎。"师当时报国心切，竟别陈先生，投陆军于保定速成学堂，嗣即执戈跃马，决胜疆场。曾败吴子玉于关东，破冯焕章于南口，率塞外健儿十余万，出关入关者数次，开牙建纛，彪炳一时。师在军中常以技击诸术亲授将士，恂恂然如弟兄父子，故所部于战斗时，奋勇冲锋，能以白刃肉搏取胜。在关外时，日本人尝与比剑，辄败；请授艺，师允而未行，盖以日人阴鸷，未易与也。公暇辄教其家人，故其家多能剑术。师有妻妾三人，公子二。长名书刚，业岐黄；次名书真，毕业日本士官学校。女一待字闺中。师于天津督办任内，与东三省总帅张雨亭不洽，遂辞去南游江海间，已复至粤，与诸革命先进过从。十六年，国民革命军渡江北伐，蒋总司令多赖其擘划，完成统一。师功成不居，回首都组织中央国术馆，期吾民族振奋精神，强种救国。历办全国国术比武大会，元秀亲受其业，退而述成此编呈政，师阅后曰："汝能记其概略，以惠同门，实吾近年所欲成而未竟之志，汝即付梓可也。"今则诲语如闻，哲人已萎，缅怀风范，不禁高山景行之思。

武当山剑术近代系统表

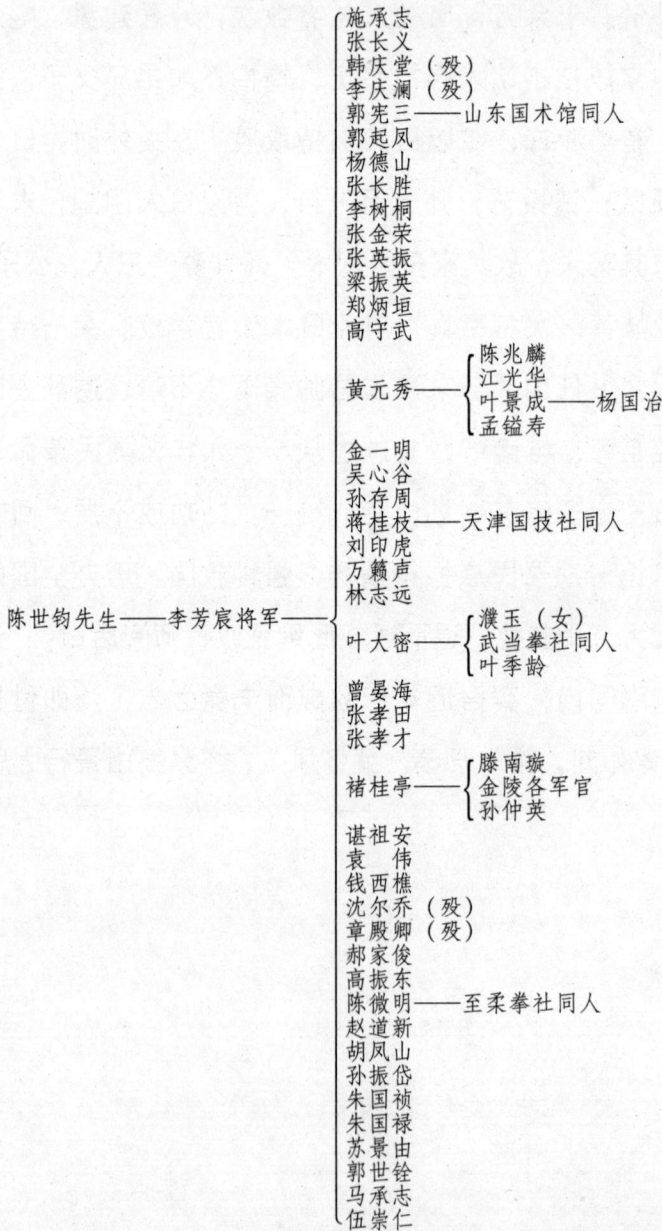

陈世钧先生——李芳宸将军——

- 施承志
- 张长义
- 韩庆堂（殁）
- 李庆澜（殁）
- 郭宪三——山东国术馆同人
- 郭起凤
- 杨德山
- 张长胜
- 李树桐
- 张金荣
- 张英振
- 梁振英
- 郑炳垣
- 高守武
- 黄元秀——
  - 陈兆麟
  - 江光华
  - 叶景成——杨国治
  - 孟镒寿
- 金一明
- 吴心谷
- 孙存周
- 蒋桂枝——天津国技社同人
- 刘印虎
- 万籁声
- 林志远
- 叶大密——
  - 濮玉（女）
  - 武当拳社同人
  - 叶季龄
- 曾晏海
- 张孝田
- 张孝才
- 褚桂亭——
  - 滕南璇
  - 金陵各军官
  - 孙仲英
- 谌祖安
- 袁　伟
- 钱西樵
- 沈尔乔（殁）
- 章殿卿（殁）
- 郝家俊
- 高振东
- 陈微明——至柔拳社同人
- 赵道新
- 胡凤山
- 孙振岱
- 朱国祯
- 朱国禄
- 苏景由
- 郭世铨
- 马承志
- 伍崇仁

附记：李师所传门人甚多，今就所知者开列如上，其余容再版续登。

剑之历史

考剑之起源，黄帝时，蚩尤造兵作乱，帝与战，执而戮之，是时兵器大行。故《黄帝本行纪》云："帝采首山之铜铸剑，以天文古字题铭其上。"又《管子·地数篇》云："昔葛天庐之山发而出金，蚩尤受而制之，以为剑铠。"可知剑之创制，发明甚古。《拾遗记》曰："颛顼高阳氏有画影剑腾空剑，若四方有兵，此剑飞赴指其方则克，未用时，在匣中常如龙吟虎啸。"虽所述剑之效用颇涉神奇，不足为训，然画影腾空二剑，当有所据，非诞言也。及夏之初，禹铸一剑，藏之会稽山。孔甲曾採牛首，铁铸剑，铭曰夹。商之太甲，铸一剑曰定光，武丁铸一剑曰照胆，皆有载籍可考。周公定《周礼》，剑之制法，祥于《考工记》。昭王自铸五剑，以投五岳，名曰镇岳尚方剑。穆王时西戎献昆吾之剑，切玉如泥，是剑不仅中夏流行，且及于边裔矣。爰及春秋战国之世，上自朝廷，下及庶民多佩之，所以尚武也。如季札使北过徐，徐君喜其剑。子路初见孔子，雄冠剑佩，即其明证。至欧冶干将之徒，以善铸闻于吴越。太阿龙泉之剑，以破敌称于荆楚。则剑在当时，不仅习俗好尚，且能威服三军矣。秦汉之际，始皇作定秦剑以张武功，高祖得赤霄剑而斩蛇起义。光武微时，亦在南阳得一剑曰秀霸，因知剑史深远，渐成神物。故魏晋以还，乃有魏武于幽谷得一剑，上有金字曰孟德。晋孝武埋一剑于华山顶，铭曰神剑。及雷焕见牛斗间有紫气，而知丰城有宝剑等事。梁武帝命陶弘景造神剑十三口，用金银铜铁锡五色合为之。唐贞观时，魏博将聂锋有女曰隐娘，少时有老尼授以剑术，既嫁，曾随节度使刘悟左右，后不知所之。又宋史载关西逸人吕洞宾有剑术，百余岁而童颜，步履轻疾，顷刻数百里，人以为神仙。按洞宾名岩，避黄巢乱，隐居终南，后不知所终。剑用既广，因入技艺，既传习于女流，复推行于方外。浸假而为小说家言，仗义除奸，神奇变化，穿凿附会，转失其真。要之，剑亦武器之一，习之所以锻炼筋骨，用之可以御敌防身，则自古迄今如一也。

古法制剑概要

考剑之制法，《周礼·考工记》云：两刃而有脊，自脊至刃谓之腊，又谓之锷。脊刃以下与柄分隔者谓之首，首以下把握之处曰茎。茎端施环曰镡。兹图式如下。

其各部尺度，腊广二寸有半，两从半之。（王昭禹曰："谓剑脊中高两杀而趋锷。"赵氏曰："半之，自脊分断二边，广一寸四分之一。"）以其腊广谓之茎围，长倍之。（郑锷曰："茎者剑镡也，柄谓之夹，茎者人所把握之处，在夹之中，如什木之茎然，故名曰茎，取腊广以为茎之围，围二寸有半也，长倍之，则长五寸。"）中其茎，设其后。（"设大也，中其茎，设其后，谓以刃为前，以茎为中，以设为后，则茎以后稍大之，则操执处有所碍著，

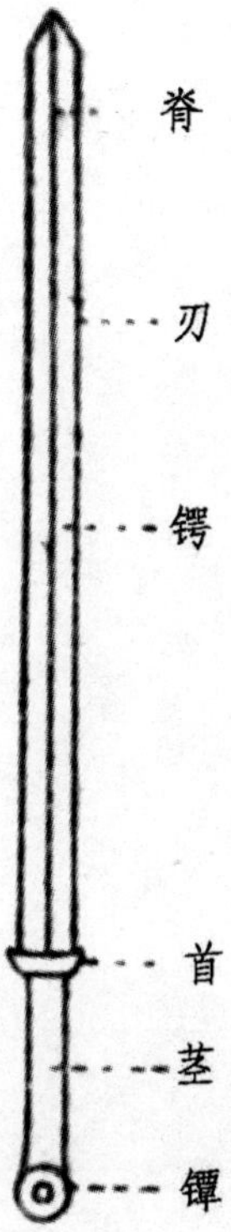

于把为易制也。”）刃参分其腊广，去一以为首，广而围之。（贾氏曰：“首广谓剑把接刃处之径。”郑康成曰：“以围其径一寸三分寸之二。”贾氏曰：“围之谓圆。”郑锷曰：“凡剑之制，有锋有锷，有脊有镡有铗。锋者所以为锐也，锷者所以为利也，脊者所以为干也，镡者所以为本也，铗者附镡也，君子所以防暴恶，则大小长短之制不宜苟，故其法如此。”）剑之大小长短，其式如下。

（一）身长五其茎长，重九锊，谓之上制，上士服之。

（二）身长四其茎长，重七锊，谓之中制，中士服之。

（三）身长三其茎长，重五锊，谓之下制，下士服之。

郑锷曰：人之形貌大小长短不一，制剑以供其服，非直以为观美，要使各适其用而已。故为三等之制，以待三等之士，俾随宜而自便焉。剑之茎其长五寸，剑之身若五倍其茎之长，则三尺也。重九锊，则重三斤十二两也。兹其剑之极，重之至也，故谓之上制，唯士之长而有力者，然后能胜之，故上士服之。剑身四其茎之长，则二尺五寸也。重七锊，则二斤十四两也。长短轻重适得中焉，故谓之中制，唯人之得中者所宜服，故中士服之。若剑身止三其茎，则二尺耳。重止五锊，则二斤一两三分两之中耳。

轻而且短，故谓之下制，士之形短而力微者可以服焉（按六两又大半两为一锊，古衡制十黍为絫，十絫为铢，二十四铢为两，古一两当今之半两，则古之一斤当今之半斤也）。

历代名剑一览表

剑名	铸造时代	质料	题铭	长度	备考
轩辕剑	黄帝所铸	首山之铜	天文古字		广黄帝东行纪云帝崩葬乔山五百年后山崩室空惟剑在焉一旦亦失去
画影腾空	颛顼所有				拾遗记曰颛顼高阳氏有此剑若四方有兵此剑飞赴指其方则克在匣中常如龙吟虎啸
禹剑	夏禹所铸		腹上刻二十八宿面文日月星辰背记山川		藏之会稽山
启剑	夏王启铸	铜		三尺九寸	后藏之秦望山
太康剑	夏王太康铸	铜		三尺二寸	太康在位二十九年辛卯三日铸
夹剑	夏王孔甲铸	牛首山之铁	铭曰夹	四尺一寸	孔甲在位三十一年以九年甲辰铸一剑铭曰夹
定光	殷太甲铸		文曰定光古文篆书	二尺	太甲在位三十二年以四年甲子铸一剑曰定光
照胆	殷武丁铸		铭曰照胆古文篆书	三尺	武丁在位五十九年以元年戊午铸一剑曰照胆
含光 承景 宵练	殷代				列子曰卫周孔其祖得殷之宝剑童子服之却三军之众一曰含光二曰承景三曰宵练
镇岳尚方	周昭王铸		铭曰镇岳尚方古文篆书	五尺	昭王在位五十一年以二年壬午铸五剑各投五岳铭曰镇岳尚方
昆吾剑	周穆王时西戎献	炼铜		是尺有咫	用之切玉如泥
骏	周简王铸		铭曰骏大篆书	三尺	简王在位十四年以元年癸酉铸
干将 莫邪	吴人干将莫邪所造	铁			吴越春秋载吴王阖庐使干将作二剑其妻莫邪断发剪爪投炉中剑成雄号干将雌号莫邪
越五剑	越欧冶子造	铜锡			越绝书载欧冶因天之精神悉其技巧铸成五剑一曰湛卢二曰纯钧三曰胜邪四曰鱼肠五曰巨阙

（续）

剑名	铸造时代	质料	题铭	长度	备考
越八剑	越王使工人所铸	采金			拾遗记载越王以白牛白马祀昆吾之神以成八剑名曰掩日断水转魂悬剪惊鲵灭魂却邪真刚
龙渊 太阿 工布	楚命欧冶干将所造	铁英			越绝书载楚王闻吴有干将越有欧冶子命风胡子往见之使作铁剑因成龙渊太阿工布铁剑三枚
诚	秦昭王铸		铭曰诚大篆书	三尺	昭王在位五十二年以元年丙午铸
定秦	秦始皇铸	采北只铜	铭曰定秦小篆书李斯刻	三尺六寸	始皇在位三十七年以三年丁巳铸
神剑	汉太公所得				钩命诀载太公微时有冶为天子铸剑指太公腰间佩刀曰若得杂冶即成神剑可以克天下太公解投冶中剑成授太公
赤宵	汉高帝所得	铁	铭曰赤宵大篆书	三尺	高帝以秦始皇三十四年得于南山及贵常服之斩蛇即此剑
神龙	汉文帝铸			三尺六寸	同时铸三剑刻龟形故名帝崩命入剑玄武宫
八服	汉武帝铸		铭曰八服小篆书	三尺六寸	以元光五年铸凡八剑五岳皆埋之
茂陵剑	汉昭帝所得		上铭直千金寿万岁		昭帝时茂陵人献一宝剑故名
毛贵	汉宣帝铸		二剑铭皆小篆书	三尺	以本始四年铸一曰毛二曰贵以足下有毛故为之
衍	汉平帝所得		上有帝名大篆书		平帝在位五年以元始元年辛酉掘得上有帝名衎因服之
乘胜万里伏	王莽铸		铭曰乘胜万里伏小篆书	三尺六寸	莽造威斗及神剑皆炼五色石为之
更国	更始刘圣公铸		铭曰更国小篆书		
秀霸	汉光武所得		文曰秀霸小篆书		未贵时在南阳鄂山得之
玉具剑	光武以赐冯异			七尺	冯异传赤眉暴乱三辅以冯异为征西将军讨之车驾送至河南赐以乘与七尺玉具剑
龙形	汉明帝铸				永平元年铸上作龙形沉之洛水中水清时常有见之者

（续）

剑名	铸造时代	质料	题铭	长度	备考
金剑	汉章帝铸	金质			建初八年铸投入伊水中
安汉	汉顺帝铸		铭曰安汉小篆书	三尺四寸	永建元年铸
中兴	汉灵帝铸		文曰中兴小篆书		建宁三年铸同时铸四剑铭文皆同后一剑无故自失
孟德	曹操所得		上有金字铭曰孟德	三尺六寸	献帝建安二十年操于幽谷得之
思召	袁绍所得		上铭曰思召		古今注袁绍在黎阳梦神人授一宝剑及觉果在卧所铭曰思召解思召为绍字
蜀八剑	蜀昭烈帝铸	采金牛山铁		三尺六寸	一备自服余赐太子禅梁王理鲁王永诸葛亮关羽张飞赵云各一
镇山剑	蜀后帝禅造			一丈二尺	延熙二年造此巨剑以镇剑口山故名
倚天　青虹	魏武帝铸				其利断铁如泥一自佩一赐夏侯恩
魏三剑	魏太子丕造				一曰飞星一曰流采一曰华铤
文士剑	杨修献魏文帝				文士传杨修以宝剑与魏文帝帝佩之语人曰此杨修剑也
吴六剑	吴大帝所有				古今注载吴大皇帝有宝剑六一曰白虹二曰紫电三曰辟邪四曰流星五曰青冥六曰百里
大吴	吴大帝孙权铸	采武昌铜铁	文曰大吴小篆书	各三尺九寸	黄武五年共作剑千口
流光	吴主孙亮铸		文曰流光小篆书		建兴二年铸
皇帝吴王	吴主孙皓铸		文曰皇帝吴王小篆书		建衡元年铸
步光	晋怀帝铸		铭曰步光小篆书	五尺	永嘉元年铸
五方单符	晋穆帝铸		铭曰五方单符隶书		以永和五年于房山造剑五口
神剑	晋孝武帝		铭曰神剑隶书		以太元元年埋此剑于华山顶
定国	宋武帝铸		铭曰定国小篆书		永初元年铸此剑后入于梁

（续）

剑名	铸造时代	质料	题铭	长度	备考
永昌	宋废帝昱造		铭曰永昌篆书		元徽二年造于蒋山之巅
梁神剑	陶弘景造	金银铜锡铁五色合为之	文曰服之者永治四方小篆书	长短各依剑术法	梁武帝依普通中庚子命弘景造神剑十三口
镇山　沉水	北魏道武帝造		隶书		登国元年帝于嵩阿铸此二剑
龙雀	夏赫连氏造		铭曰大夏龙雀		魏志赫连百炼为剑号曰大夏龙雀铭其背
太常	北魏明元帝造		铭背曰太常	四尺	
千金剑	唐晋公王铎所有				剑侠传唐晋公有千金剑以获李龟寿
火精剑	唐德宗所有				杜阳杂编载夜见数尺光明斫铁即碎
西蕃宝剑	宋				宋监载右相都督张浚请御前降西番宝剑给赐有功将士以为激励
古铜剑	宋苏轼所得				东坡集载郭祥正遗古铜剑东坡谢以诗云一双铜剑秋水色两首新诗争剑芒
楚铜剑	宋郑文所得				方舆志载宋供奉官郑文尝官楚武昌江岸裂出古铜剑文得之冶铸精巧非人工所能成者
安定剑	明初安定王所贡				咸宝集载洪武甲寅安定王遣使贡异剑赐以织金文绮命其酋长立为四部岁入贡为常

武学名家典籍丛书

杨澄甫武学辑注 《太极拳使用法》《太极拳体用全书》	杨澄甫 著 邵奇青 校注
孙禄堂武学集注 《形意拳学》《八卦拳学》《太极拳学》 《八卦剑学》《拳意述真》	孙禄堂 著 孙婉容 校注
陈微明武学辑注 《太极拳术》《太极剑》《太极答问》	陈微明 著 二水居士 校注
薛颠武学辑注 《形意拳术讲义上编》《形意拳术讲义下编》 《象形拳法真诠》《灵空禅师点穴秘诀》	薛 颠 著 王银辉 校注
陈鑫陈氏太极拳图说（配光盘）	陈 鑫 著 陈东山 陈晓龙 陈向武 校注
李存义武学辑注 《岳氏意拳五行精义》 《岳氏意拳十二形精义》《三十六剑谱》	李存义 著 阎伯群 李洪钟 校注
董英杰太极拳释义	董英杰 著 杨志英 校注
刘殿琛形意拳术抉微	刘殿琛 著 王银辉 校注
李剑秋形意拳术	李剑秋 著 王银辉 校注
许禹生武学辑注 《太极拳势图解》 《陈式太极拳第五路·少林十二式》	许禹生 著 唐才良 校注
张占魁形意武术教科书	张占魁 著 王银辉 吴占良 校注
王茂斋太极功	季培刚 辑校
太极拳正宗	杜元化 著 王海洲 点校
太极拳图谱（光绪戊申陈鑫抄本）	陈 鑫 著 王海洲 藏
陈金鳌传陈氏太极拳暨手抄陈鑫老谱	陈金鳌 编著 陈凤英 收藏 吴颖锋 薛奇英 点校
黄元秀武学辑录 《太极要义》《武当剑法大要》 《武术丛谈续编》	黄元秀 著 崔虎刚 点校

功夫探索丛书

内家拳的正确打开方式	刘　杨　著
借力——太极拳劲力图解	戴君强　著
武学内劲入门实操指导	刘永文　著
武术的科学：实战取胜的秘密	[日] 吉福康朗　著　宋卓时　译
格斗技的科学：以弱胜强的秘密	[日] 吉福康朗　著　宋卓时　译

格斗大师系列

伊米大师以色列格斗术	[以]伊米·利希滕费尔德，伊亚·雅尼洛夫　著 汤方勇　译
拳王格斗：爆炸式重拳与侵略性防守	[美]杰克·邓普西　著　史旭光　译

老谱辨析丛书

马国兴释读杨氏老谱三十二目	马国兴　注释　崔虎刚　整理
马国兴释读太极拳论	马国兴　注释　崔虎刚　整理
马国兴释读浑元剑经	马国兴　注释　崔虎刚　整理